歴史をなぜ学ぶのか

本郷和人

SB新書
569

はじめに

私は普段、東京大学の史料編纂所で、歴史資料の編纂を仕事にしています。専門は中世史の研究です。編纂所では、私は主に『大日本史料』第五編（一二二一〜一二三三年収録）を担当しています。

東大史料編纂所は、古代から明治維新期に至る、前近代日本史関係の史料を対象とする研究所で、国内外に所在する各種史料を収集・分析しています。

史料の編纂というのは、ある意味では、我意を持ち込んではいけない、自分の考えや主張というのは挟み込んではいけない作業です。歴史資料をきちんと読んで、わかりやすいかたちでまとめておく。あるいはそのままでは読みにくい古文書を活字のかたちにしておく。そこに自分の思考というものは必要ありません。

もちろん、専門的な知識は必要ですし、それを習得するのには一定の修業期間も必要です。しかし、専門課程を終えて、研究者を名乗る人間なら、普通は歴史資料が読めなくてはなりません。そして、歴史資料が読めるならば、「史料に基づくと源平の合戦というものはこういうことだ」と言うことはできるのです。

ただ、それはあくまでも史料を編纂する行為であって、歴史を「考える」ということにはならないのではないか、と私は思っています。

逆に言えば、歴史研究者としての勝負は、その人なりの歴史の見方、考え方で、いかに歴史というものを語ることができるか、という点にあります。

少なくとも私が歴史の本を読むなら、その著者にしか語りえない視点や考え方が紹介されているものを読みたいと思っています。

つまり、私でなければ語れないことを歴史研究者は語るべきだと思います。それが歴史研究者のプライドであり、歴史研究者の腕の見せどころであるはずです。

歴史資料を読み解き、現代の人間にもわかるようなかたちで編纂したものというのは、言ってみれば歴史を学び考える上での材料に過ぎません。問題は、そうした材料をどう組み合わせていくかなのです。その組み合わせ方にこそ、その人なりの考えやものの見方が介在してきます。

その組み合わせを考えることこそが、歴史を学び考えることなのだと、私は思っています。その意味では、歴史研究を専門にするかしないかは関係なく、誰でも歴史を考えることができるはずです。

ですから、歴史研究者に今課せられている使命として、一般の方々が難解で読めないという歴史資料を、わかりやすく届けるという仕事があるはずだと私は考えています。それがあるから、私たちは史料編纂所という場所に集まり、歴史資料の編纂を日夜続けているわけです。

さらに私たちはそうした史料を読みこなして、ここにはこういうことが書いてあるという解説を本来はしなければいけないのです。あるいは歴史資料のわかりやい現代語訳などを行い、専門家以外でも読めるようにする必要もあります。

皆さんには、歴史研究者が準備した歴史資料を読み解いたものを、さまざまに組み合わせて、ぜひ新しい歴史像を考えてもらいたいと思っています。

そして、歴史を学び考えることを通じて、歴史研究者が書く「歴史」を吟味する目を育てていただけたらとも思います。

ただ歴史資料に即しているだけのものなのか。歴史資料に則しているものを組み合わせて、推論を立てているものなのか。

その違いを見抜くだけの目を持つということは、歴史を学ぶときだけに限らず、実生活に於いても十分に役立つことだと私は思っています。

歴史を読み解く目、歴史を考える頭、歴史を語る言葉。これらを身につけられたとき、私たちは自分の「来し方行く末」、つまり自分という存在はいったいどこから来たのか、そしてどこへ行くのか、ということを深く学ぶことができるでしょう。

新型コロナ・ウイルスの蔓延や気候変動の激化と、先行きのわからない現代社会を生きる私たちに、何らかの生きる指針を与えてくれる、少なくともその指針を探す方法を教えてくれるものではないかと思うのです。

本書は、日本史における六つのターニングポイントを辿りながら、歴史を考える上で重要な理論や考え方をさまざまに散りばめるといった叙述スタイルになっています。

本書を読めば、日本史の大枠の流れをつかむことができると同時に、歴史を考えるうえで重要となる歴史的思考力を身につけることができるのではないかと思います。歴史を深く考えることの面白さを知ってもらえたら幸いです。

歴史をなぜ学ぶのか

目次

第一章

歴史とは何か、日本史とは何か

第二章

日本の歴史の誕生

第三章

歴史を考えるとは

第四章

日本史の定説を疑う

第五章

想像する日本史

第六章

現代につながる日本史

終章

これからの歴史学とは

第一章

歴史とは何か、日本史とは何か

この自分たちは何者なのか、自分たちはどこへ行くのかという問いを考える一助になるのが、私は歴史を学ぶことだと考えています。

歴史を学ぶことは、過去を振り返りながら、現在、自分が置かれた状況を理解し、そして未来に向けてどのように行動したらよいかを考えることの助けになります。

（本文より）

「歴史」のイメージ

歴史、とりわけ日本史というと読者の皆さんはどんなイメージを持たれているでしょうか。学生時代に「鳴くよウグイス平安京」「いい国作ろう鎌倉幕府」とか、語呂合わせで暗記させられた方が大半なのではないかなと思います。

日本史という教科はあまり面白くないという声は少なくありません。そんな方の多くは、学生の頃に暗記ばかりさせられてつまらなかったという体験が記憶に刻み込まれているのではないかと、私は推察しています。

というのも、私自身、高校で使う日本史の教科書を作る経験をしたことがありました。少なからず、当時の教科書に不満を持っていた私は、自分なりに理想と思える教科書を作ろうと考えていました。

歴史的事実には原因があり結果があるはずですが、日本史の教科書と呼ばれるものの多くは、因果の関係を無視して、○○年に○○が起きたとか、○○年に○○が将軍に即位した、とか、事実だけを羅列する傾向にありました。

私はそこで、「物語性」というものに注目することにしました。

この「物語」というのは、実は歴史学者にとっては厄介な問題です。

歴史学者が歴史を研究するとき、参照し読み解くのは、「史料」と呼ばれる、資料群です。これらは普通、当時の人間が記した日記や書状、行政文書などが含まれます。

他方、後世になって編纂・製作された軍記物などは、史実を題材にしながらも作者による想像を織り交ぜ、読み物として面白く脚色がされています。

つまり、軍記物は「物語」です。

そうなると、おのずと物語とは果たして歴史なのか、という疑問が湧いてきます。

後述しますがそれは皇国史観のような「歴史観」とも大きく関わっています。

物語というのものは、実証的な科学としての歴史学とは一線を画すものである一方、物事の因果関係や歴史の流れをつかみ、歴史のダイナミズムと面白さを体感することができるという「強み」もあります。

歴史と物語の違い

歴史、特に日本史の成り立ちから説明しますと、江戸時代に入って寺子屋などでは「読み書き算盤」を教えたようにある程度の教養が広まってくると、次第に「日本の歴史」を学ばなければならないという機運が高まり始めました。

人は読み書き算盤を身につけた後、つまり、その日を生きるための糧となる知識を身につけた後、いったい何に興味関心を持つでしょうか。

私は「私とは何か」「私たちとは何か」というようなアイデンティティの問題に至るのではないかと考えています。

一九世紀フランスで活躍した画家ゴーギャンは、タヒチに移住し、当時、「未開社会」と呼ばれたような現地の人々と交わるなかで、《我々はどこから来たのか 我々は何者か 我々はどこへ行くのか》という大作を描きました。まさにこの絵のタイトルにあるように、江戸時代の人々は、我々はどこから来たのか、我々は何者か、我々はどこへ行くのか、という、自分たちの来し方行く末を語るようになっていきます。

こうしたなかで、台頭してきたのが「国学」でした。日本では、平安時代の昔から伝統的に「歴史」とは中国の歴史を指していました。そのため、江戸時代の知識人は中国の歴史書をよく読んでおり、織田信長ら戦国武将たちも『孫子』や『韓非子《かんぴし》』などに親しんでいたようです。江戸時代の武士の教育も論語を読むことが重視されていました。

しかし、国学が成立すると、本居宣長ら国学者によって、日本神話などが復元され、中国の歴史だけでなく、日本の歴史にスポットが当てられるようになったのです。

当時の知識人たちが好んで参照したのは、『平家物語』や『太平記』といった軍記物でした。今日からすれば「物語」と呼びうるものでしたが、それらを読んで「歴史」として学んでいたのです。

その後、幕末となり、鎖国が解かれ、西洋の文物が一挙に国内に入るようになります。明治維新を経て明治時代に入ると、西洋の学問の影響によりそれまで物語中心だった日本史は、新しく構築し直されることとなりました。西洋の歴史学は科学的な実証性を重んじており、日本史もまた実証的であること、科学であることが重要視されたのです。

そうなると、江戸時代には歴史として学んでいた『平家物語』『太平記』といった軍記物は、ただの「物語」であり、「歴史」ではないとされました。正確に歴史を知るためには、当時の人間が記した日記や書状、行政文書などの古記録に当たるべきだとされ、もっと客観的な「史料」に基づいて歴史を叙述することが求められたのです。

その一方で、『平家物語』や『太平記』といった物語は長らく日本人に愛されてきた書物です。それを非科学的だからと捨ててしまうのはもったいないと考える人たちもいましたが、結局、実証的な歴史学が勝り、紆余曲折を経て、今日まで日本史学は客観性を重んじる学問として続いてきました。

ですから、現在の日本史の教科書もそのような実証的な客観性に基づきます。学問である以上、それは非常に大切なことです。

しかし、読み物としてはあまりに無味乾燥な文体で、面白くない。だから、冒頭で述べたように「暗記」するしかない科目になってしまっているのではないか。

若い人たちの「日本史離れ」「歴史離れ」の傾向を変えるには、「日本史って面白い」「歴史って楽しい」と思ってもらうことがまずは重要で、そのためにはある程度の物語性があってもいいのではないか、と私は思ったのです。

日本史は暗記科目

こうして、自分で教科書を作る側になった際に、私は物語性の導入を一番の念頭に置きました。もちろん、物語性と言っても、客観性を無視して自分の好き勝手な教科書を作るということではありません。

客観的な事実に基づくのは大前提で、他方で教科書の叙述のスタイルを工夫して、原因があったら結果がある、因果が継起していくさまがわかるような教科書が理想だと考えました。

普通、教科書は大学に所属する研究者が執筆を担当し、高校教諭が加わって中身の検討会を開きます。大学の先生たちが書いたものを、実際に教科書を使う高校の先生たちに読んでもらいます。

この場で重箱の隅をつつくような細かい議論を重ねて、正確を期して精緻な文章に練り上げ、最後に文部科学省に提出して審査をしてもらう、というのが大まかな流れです。

教科書の執筆者に選ばれたとき、私は思い切って自分が理想とするような、先に述べた物語的な叙述のスタイルで書いたつもりでした。ところが、高校の先生方は「これは使えません」と言うのです。

理由を尋ねると、「本郷先生が書いたものはとても面白い。出来事の事情もよくわかる。けれども、無駄が多すぎる」と言われてしまいました。

より詳しく事情を伺ってみると、どうやら「無駄が多い」というのは、大まかに言って次のような理由からでした。

「高校では授業で教科書に書いてあることは原則、すべて覚えろという教育を行っている。そうすると教科書に無駄があってはいけない」

つまりは、私が理想とする教科書は、暗記には向かないということなのです。

高校の歴史教科書とは、暗記するものであるという不文律があったのでした。

皆さんも学生だった頃を思い出してもらうとよくわかると思いますが、日本史は基本的には暗記科目で、よく一夜漬けで済ませたなんて人も多いのではないでしょうか。

しかし、高校生くらいになれば、すでに物事をしっかりと考えることができます。「暗記すること」と「考えること」のどちらが大切かと問われれば、みんな「考えることが大切だ」と答えるだろうと思います。

だからこそ、私は因果の関係をきちんと説明して、物語性のある読み物として面白い教科書作りを心がけることで、学生たちに歴史とは何かを考えてもらおうと思ったのです。

しかし、「そのような教科書は受験では使えないからダメ」ということになりました。

急速に私のなかで教科書を作る情熱が萎んでいくのを感じました。

歴史を学んで「来し方行く末」を考える

先ほど、私は読み書き算盤が足りた後は、自分たちは何者なのか、自分たちはどこに行くのかというアインデンティティへと興味関心が移っていくと述べました。

この自分たちは何者なのか、自分たちはどこへ行くのかという問いを考える一助になるのが、私は歴史を学ぶことだと考えています。

歴史を学ぶことは、過去を振り返りながら、現在、自分が置かれた状況を理解し、そして未来に向けてどのように行動したらよいかを考えることの助けになります。

近年、社会的にいわゆる「成功」したとされる人たちが書くビジネス書やそうした人たちの発言を聞いていると、「オレたちは今を生きているんだから、後ろを振り返る必要はない。そんな暇はない」というような趣旨のものが目立つように感じています。

しかし、やはり私は「それは違う」と思います。

たとえば、日本は太平洋戦争に於いて三〇〇万人とも言われる犠牲者を出し、敗戦を迎えました。アジア諸国の方々への甚大な被害を与えたということもありますが、そもそもこの日本軍が太平洋戦争中に立てた戦略自体、全く過去に学ばないものだったと言えます。

というのも、昭和の日本軍は兵站というものを全く考えていませんでした。兵站とは言い換えれば兵士たちに兵糧や弾薬、医薬品などの必要な物資を補給することを意味します。日本軍はこの兵站については、現地調達を命じるなど、かなり杜撰にあつかっていました。あるいは精神論、根性論などを押し付けた結果、有名な話ですが、南方での日本軍兵士の死者は、敵の弾に当たった者よりも、マラリヤなどにより病死する者や、食べるものがなくなり餓死する者のほうが多かったと言われています。

ところが、この昭和よりも以前、明治時代においては、さすがは幕末・明治維新を生き抜いた明治の元勲たちと言えるかもしれませんが、この兵站の問題を非常に重視していました。そして、陸軍参謀本部では戦国時代におけるさまざまな合戦を分析し、『日本戦史』という日本における戦いの歴史書を編纂しています。たとえば、関ヶ原の戦いの石田三成の部隊には何人の兵士がいるかを、その兵士を養うための石高（米の収穫量）の数に基づき、計算しているのです。このように歴史の教訓に学んだ明治の日本軍は、日清戦争、日露戦争を戦い抜き、近代国家の確立を進めていきました。それが良いか、悪いか、という問題はとりあえず保留させていただきますが。

しかし、大正以降になり、明治維新を生き抜いた世代らが亡くなると、次第にこうした歴史を学ぶ姿勢は失われ、昭和の日本軍のように歴史の教訓がなくなり、とにかく精神論一辺倒で前へ前へと突き進んだのです。その結果、三〇〇万人もの犠牲者を出す結果となったのでした。

過去に学ばない者は、いつか大きな過ちを犯す。そのようなことを私たちの両親やその上の世代の人たちは身をもって体験したはずなのです。だからこそ、歴史を学ぶことを軽んじてはいけないと私は思います。

歴史に学ぶ日本人の特徴

とはいえ、私は歴史、とりわけ日本史を必ず勉強しろと強制するつもりは一切ありません。日本の歴史を学び、日本とは何か、日本人とは何かを学ぶということを「日本はすごかった」「日本人はすごい」と自国礼賛・自己満足のために歴史を利用し、他国を貶めるために用いるのも違うと思います。

特に戦前・戦中の天皇を中心としたイデオロギーと結びついた「皇国史観」は、他国と張り合い「日本人はすごい」と言うために、歴史を利用しました。

たとえば、明治の元勲たちが意識した最大のライバルは中国でした。四〇〇〇年の歴史を持つ大国・中国に対抗するために、日本も負けないくらい古い歴史があると誇示する必要があったのです。そこで、『古事記』などに登場する天皇家の初代である神武天皇が紀元前六六〇年に即位して以来、日本には二五〇〇年を超える長い歴史があると、国民に教え込みました。

『古事記』は後に語るように、確かな史実に基づいた歴史書ではなく、あくまでも神話です。歴史ではありません。今日の日本史の教科書もそのように説明しています。しかし、皇国史観が全盛の頃の日本は、神話を歴史として、過去に実際にあったこととして教科書に明記し、教えていたのです。

歴史的事実を捻じ曲げて無闇に日本を礼賛したりすることはあってはならない、ということは、私たちが歴史を学ぶことで得られる教訓の一つだと思います。

とはいえ、そうしたイデオロギーとは関係なく、日本という国にはどういう特徴や特色があり、日本人はどんな人々かということを知っておくことは、たとえば今日のような外国との付き合いが当たり前となったグローバルな時代を生きていく上で、それほど邪魔になるものではないと思います。

歴史的に見て、日本、そして日本人の特徴を考えてみると、他国と違って地政学的には「島国」であることが大きいのではないでしょうか。

ユーラシア大陸を挟んで反対のイギリスも島国であるには違いありませんが、言ってみれば日本は「さらに島国」です。イギリスはドーバー海峡を渡ればすぐに大陸ですが、日本から大陸に渡るのはそんなに簡単なことではありません。八世紀に唐代の僧・鑑真が何度も日本への渡海を試み、最後には失明までして、ようやく六回目の航海で来日したように、日本は大陸からもかなり離れています。

また、ヨーロッパで猛威をふるったペストは、中国まで伝播してきていますが、とうとう、日本海を渡らず、日本まで来ることはありませんでした。鎖国状態の江戸時代でしたら、なおさらです。ちなみに近年は研究者のなかでも「鎖国はなかった」と主張する説が有力になってきているようですが、当時、世界的に流行していた病気が日本には入ってきていないという点一つをとっても、江戸時代には「鎖国」をしていたことがよくわかります。

つまり、日本にとって島国であったということはかなり重要な意味を持っていると思います。

日本は島国である。それだけに日本には独特の歴史がある。私たち日本人はそういう独特の歴史を紡いできており、その意味で、日本人だけが持っているような特徴があると言えるのではないでしょうか。

島国であることを日本人の特徴を形成する重要なポイントだとすると、日本人とはどんな人間たちかと一言で言うなら、日本人はそんなに「厳しくない」のです。もっと悪く言えば「ぬるい」人たちなのです。

大陸から一定の距離を取った島国であることは、外国からの侵略がほとんどなかったことを意味しています。このことは、逆説的ですが、外圧によってしか日本は自国の変革を行ってこなかったという歴史によって証明されます。

たとえば、七世紀の古代朝鮮では、唐と組んだ新羅が百済や高句麗を次々と滅ぼしました。百済と協力関係にあった日本は、百済復興のために大軍を朝鮮半島に派遣しましたが、六六三年の白村江の戦いで唐・新羅軍に大敗を喫します。これを機に、日本国内では古代朝鮮式の山城が築かれるようになり、唐に範を得た律令国家への道を歩むようになりました。

また、文永一一（一二七四）年と弘安四（一二八一）年の二度にわたって襲来した元軍の侵略（元寇）は、日本人の戦い方を根本から変えました。それまでの鎌倉武士の戦は一騎討ちが常でしたが、文永の役、弘安の役と二度にわたって日本に攻撃を仕掛けてきた元軍はあくまでも集団戦を常としています。こうして、戦国時代には集団での戦が日本人同士でも行われるようになったのです。

そして、嘉永六（一八五三）年六月、最新鋭の軍艦四隻を率いて浦賀沖にやってきたペリーは日本に開国を迫りました。いわゆる黒船来航です。これをきっかけに江戸幕府は二一五年にも及ぶ鎖国体制を終わらせ、開国に踏み切ります。その後、尊王攘夷運動や倒幕運動が起こり、明治維新と至るなど、日本の仕組みが大きく変わる出来事が起きたのは、周知の通りです。

このように外圧が起因となった白村江の戦い、元寇、幕末・明治維新ではいずれもその後、国内の変革が進みました。

つまり、言い方を変えれば外圧がなければ何も変わらないほど、日本は「ぬるい」のです。外圧が一番の脅威となるほど、国内での争いは厳しいものではなかった、悪く言えばぬるいものだったと言えるわけです。

ぬるい日本人

先ほど「日本はぬるい」と言いましたが、これは言い換えると日本に一神教が普及しなかったこととも関係しているのではないかと私は考えています。

日本人は元来、神も仏もいる多神教的な世界観のもとに育まれました。それは「シロかクロかどっちなんだ」と問われた際にグレーを選んでしまうことを認めてしまっているところがあります。

もちろん一神教的な要素やその芽生えがなかったわけではありません。戦国時代には南蛮貿易の過程でキリスト教の宣教師たちが来日し、織田信長は布教に好意的でした。

他方、日本の宗教文化のなかから一神教的な傾向が色濃い一向宗（浄土真宗の異称）が登場していきます。一神教というのは、当時のキリスト教の宣教師たちが報告書に書いている見解です。数多ある仏のなかでも、一向宗では、拝むときは阿弥陀仏一仏を選び拝め、と説きます。それは一神教であるキリスト教と非常に似た部分があり、キリスト教を布教する上でのライバルになりうると宣教師たちは警戒していたのです。

同じくこの一向宗を警戒し敵視したのは、織田信長でした。信長は一向一揆を徹底的に弾圧し、虐殺も厭わずに討ち滅ぼしています。元亀元（一五七〇）年から天正二（一五七四）年にかけての伊勢長島の一向一揆と争ったときには約二万人、天正三（一五七五）年の越前一向一揆を鎮圧した際には一万二〇〇〇人もの一向宗徒を殺害したとされています。

その後、豊臣秀吉や徳川家康はキリシタンに対してバテレン追放令や禁教令などを出し、徹底的に弾圧したことで知られています。苛烈を極めた島原の乱では、原城に立て籠もった三万人余りの一揆勢に対して、徳川幕府は約一二万人の兵力を動員して鎮圧にあたっています。

キリスト教では、唯一の存在である神を信じ善行を積めば神がいる天国に行くことができるとしていますが、それは一向宗もよく似ています。一向すなわちひたすらに阿弥陀仏に帰依することで、阿弥陀仏がいる西方浄土に往生できると一向宗は説いています。そのため、キリシタンも一向宗徒も一度弾圧されれば、甚大な被害が出たり、あるいは全滅したりするまで抵抗を止めませんでした。しばしば一神教を奉じる国の戦が苛烈な殲滅戦になるのは、多神教を奉じる日本人にとっては考え難いことなのかもしれません。

多神教である日本人同士の戦いではまず殲滅戦になることはありません。その意味で、一神教を奉じる人々に比べて、日本人は「厳しくない」。悪く言えば「ぬるい」のです。

他方、秀吉や家康がキリシタンを強く取り締まったというのは、一神教が広まる萌芽はなかったわけではありませんでしたが、日本人が自ら一神教への道を閉ざしたことを意味しています。

今日、キリスト教が世界の至るところで普及し、世界宗教になったのも、一四九二年にスペインの支援を受けてコロンブスが新大陸を発見し、その後の大航海時代を経て、西洋のキリスト教諸国が世界各地に植民地を拡大していったという歴史的な背景があります。

日本で南蛮貿易が始まったのも、こうした世界史的な状況があったゆえです。にもかかわらず、日本は江戸時代に入ると鎖国体制を敷き、諸外国との交易を限定し、キリスト教が入ってくることを食い止めました。

キリスト教などの一神教が広まらなかった、というのは今日まで続いていることです。その意味では、世界的に非常に珍しい国民だったとも言えるわけです。

先ほども申し上げたように、世界を相手に世の中を渡り歩かなければならないグローバルな時代において、こうした歴史を知っておいたほうが良いだろうと思います。今日、世界人口の三人に一人はキリスト教徒と言われていますが、同じく一神教のイスラーム教徒を含めると、一神教を信仰する人間は世界人口の約半分以上に上ります。

自分たちはどんな存在なのか、相手はどんな存在なのかを歴史を通じて把握しておくことは、ビジネスの場でも文化交流の場でも、あるいは政治的な交渉の場でも、決して無駄にはならないだろうと思うのです。

日本史は現代人にとって役に立つか

もう少し日本史を学ぶことが現代人にとって役に立つかどうか、歴史を学ぶこと自体が今日の社会で生きる上でどのような具体的な意味を持つのか、考えてみたいと思います。私自身、大学で若い学生たちの教育に携わる者として、この問いについてずっと考えてきました。

大学三、四年生は当然ながら社会人になるために就職活動に臨みます。自分の教え子たちが就職試験で面接官に「君は大学で何を学んでいますか?」と聞かれ、「はい、私は日本中世史を勉強してきました」と答える。その際に続けて、「日本中世史を学んで、君は弊社にどんな利益をもたらしてくれるのですか?」と聞かれたとしたら、どんな答えがありうるだろうか、と私はよく想像します。

先ほども述べたように、現代のグローバルな社会において、外国の人々と付き合うなかで、「敵を知り己を知れば百戦危うからず」ではありませんが、日本人がどんな来歴で今日のような社会を築き上げたのか、私たち日本人にはどんな特徴があるのかを理解し、日本人としての自覚を持って接することができるという点では、海外で仕事をする際の利点として挙げることはできるかもしれません。

他方で、より本質的、あるいは広い観点から言えるのは、日本中世史、あるいは歴史学自体を学ぶことである一定の「ものの考え方」を身につけることができる、というところに利点があるのではないか、と思っています。

日本中世史も科学的な学問ですから、研究者それぞれが自分勝手な意見を述べているわけではありません。学術的に裏を取ることをきちんとやっています。また、ある主張や意見を述べたりするためには、誰しもが納得するような証拠を準備して、「この証拠に基づいて私はこう考える」というように、根拠を示すことが求められます。そしてこれは、何も学問に限られたことではなく、普通の社会人だったら当たり前のことだと思います。

きちんと資料を読み込んで事実を確定し、どう対処すべきかを考える。これは責任ある社会人にとっては一般常識と言えるでしょう。

このように資料をきちんと読み込み事実を確定するという作業は、少し専門的な話になりますが、歴史学では「史料」を読んで「史実」を明らかにすることにちょうど該当します。

きちんとした「史料」を読んで、そこから自分の論拠の証拠となる「史実」を明らかにすること。これは、一人前の歴史学者になるための第一歩と言えます。

史料から史実・史像・史観の探究へ

繰り返しますが、史料に基づいて史実を明らかにするというのが、まず歴史学の方法の一つになります。明らかになった史実が、仮に一〇〇個あるとすれば、その一〇〇個の史実を並べ替えたり、うまく配置したりすることで、ある一定の歴史像が浮かび上がってきます。この歴史像を私たちは「史像」と呼んでいます。

適切な「史料」に基づいて明らかにされた「史実」を組み立てて導き出されるのが、この「史像」です。この史像はどんな論理構成、あるいは理論に基づいて組み立てるかによってガラッと変わります。

確かな証拠に基づいて明らかになった事実を頭のなかで組み立てて推論してみるわけですが、これは実社会で生きる上でいろんな問題の原因を導き出し解決するための、有効なレッスンにもなるのではないかと思います。

歴史学者に本気でなろうと思うならば、こうして導かれた史像をさらにいくつか並べてまとまりを作ってみて、今度は「歴史観」を導き出します。「史像」と対比させて「史観」と呼んでもよいかもしれません。

この「史観」に到達することができないとやはり歴史学者としてはダメなのではないかと私は思っています。

私は以前、この歴史観・史観について、それは「大きな物語」であると説明したことがありました（『暴力と武力の日本中世史』朝日文庫）。

この「大きな物語」とはフランスの思想家・哲学者であるジャン＝フランソワ・リオタールが述べたもので、「大きな物語」とは歴史の趨勢、一つのトレンドであり、歴史観を指しています。リオタールはそんな「大きな物語は終わった」のだと喝破しました。世界に共通するような大きな物語、歴史観をもはや描き出せない段階に入り、あとは「小さな物語」があるだけだとしたのです。

私が専門とする日本中世史学においても、二つの大きな歴史観が過去にありました。一つは先述しましたが戦前・戦中の「皇国史観」と呼ばれるものです。二六〇〇年前から万世一系の天皇家によって統治されてきた日本国という「国体」（国のかたち）とその「国体」を世界に広めようとする「八紘一宇」の精神を支えたのが、天皇を中心としたこの皇国史観でした。しかし、それは太平洋戦争での敗戦と同時に、現人神《あらひとがみ》である天皇が人間であることを宣言したことによって否定されることになりました。

もう一つは、戦後になって広く普及した「唯物史観」です。「物質的な生産力や生産関係の変化が歴史を作る」という、いわゆる下部構造が上部構造を決定するというマルクス主義に基づく唯物史観は、東西冷戦対立へと続く戦後の過程のなかで、東側諸国にとっては当然の「歴史観」となりました。

戦前・戦中に皇国史観一辺倒となり大きく針が振れた日本史学では、今度はその反省から一気に逆の方向に針が振れ、唯物史観が全盛となります。

私が大学に入った頃、というとかれこれ四〇年くらい前になるわけですが、その頃はまさに唯物史観全盛でした。マルクス主義的な思想のもと、唯物史観的な考え方が歴史学でも唱えられていたのです。

この唯物史観は、ベルリンの壁が崩壊し、東西冷戦が終結した今日においては、その全盛期に比べて、唯一無二の歴史観であるとは言いがたくなってはいますが、とはいえ今日の日本史学においても少なからず、影響は残っていると思います。

リオタールが述べたように、現代においては皇国史観や唯物史観のような「大きな物語」というものは作りづらくなっています。唯物史観の後、いわゆる「歴史観」や「史観」と呼べるようなものは出てきていません。唯物史観に替わる新しい「物語」を作ることは、歴史学者にとって重要な課題の一つと言えるだろうと思います。

とはいえ、大学で歴史学や日本中世史などを学び、卒業後は一般の会社に就職して社会人となる学生たちにとって、「歴史観を作れ」というのはあまり関係ないことだろうとは思います。

他方で、史料をちゃんと読み解き、明らかにした史実を並べ替え、史像をイメージすること。そして、自分なりの仮説を立て、ロジックを組み立てること。このプロセスは、社会人になってもさまざま場面で役立つでしょう。私は学生を指導するときに、この点を意識して歴史を教えるようにしてきました。

帰納的に考える

さて、史実から史像を組み立てるときには、どんな論理的な基準、あるいは考え方に基づくかでそのイメージするところが変わってくると先に述べました。その考え方にはどんなものがあるかというと、大きく分けて帰納法と演繹法というものがあります。

まず帰納法とは、史実のようなさまざまな個別のデータを分析し、それぞれに共通するものや傾向を導き出して、史像を組み立てていく方法です。

私は「日本はぬるい」ということを先に言いましたが、これは個別の史実を見比べて、共通する傾向をつかむこと、つまり帰納的に考えることで導き出すことができます。

たとえば、室町時代、足利幕府の三代将軍・足利義満は強大となっていた山名氏の勢力を抑えるために、山名一族の内紛に介入して挑発しました。そのため、山名氏清・満幸らが挙兵におよび、幕府に反旗を翻しました。いわゆる明徳二（一三九一）年末に起きた明徳の乱です。

明徳の乱以前には、山名氏の領国は一一カ国におよびました。これは全国六六カ国の六分の一に当たったため、山名氏は「六分一殿」とも呼ばれました。

この乱では幕府側は細川氏・赤松氏を中心に迎え撃ちます。山名氏の勢力は、貞治五（一三六六）年に起きた貞治の政変で失脚した斯波氏と組み、幕府の実権を握る細川氏らと対立しました。しかし、結果は幕府側の勝利。山名氏はその後、一一カ国あった領地をわずか三カ国に減らされてしまいますが、とりつぶされることはなかった。山名氏自体は存続したのです。この明徳の乱の一年前には、同様に幕府に反乱を起こした土岐氏も処罰を受けましたが、家自体は存続しています。

またその後、応永六（一三九九）年に起きた応永の乱にて、幕府軍と対立した大内氏も、周防・長門・石見などの六カ国を領国としていましたが、敗北し周防国、長門国の二カ国に減らされました。しかし、大内氏が滅亡することはありませんでした。

このとき、山名氏や土岐氏、大内氏を滅亡にまで追い込まずに存続させたことが、その後の応仁の乱を引き起こすきっかけとなります（応仁の乱については第五章で詳しく説明したいと思います）。

また、江戸時代に入っても幕府内の政争で敗れたとしてもせいぜい、左遷程度で済むことが常でした。すぐに腹を切るまではいきません。転封といって国替えをされることで石高を減らされたりすることはありましたが、一族郎党を皆殺しにするということはありませんでした。

これがお隣の中国だと、王朝が替わるごとに前の王朝の一族は完全に皆殺しにされるのが常です。ヨーロッパでも皇帝や王が各地の封建領主を圧倒するといった場合には、基本的には封建領主を滅ぼすことを意味していました。

日本の場合だとこれが、戦に負けたという場合には、仮に対象が殺されたとしても、女子供の命までは取らない、あるいは嫡流は途絶えても傍流で家の存続は許すなど、そうした傾向が、史実から窺えます。

こういう歴史的な事実をひとつひとつ見て、傾向をまとめ、帰納的に「日本はぬるいのではないか」という一つの歴史像を導き出すことができるわけです。

演繹的に考える

続いて演繹法とは、帰納法とは逆の論理展開をして考える方法です。先ほどの例に基づいて言えば、「日本はぬるいのではないか」という歴史像から発想して、個別の史実をひとつひとつ解釈し直すことができます。

たとえば先に挙げたように織田信長は伊勢長島や越前の一向一揆を鎮圧した際に、万単位の人間を虐殺しています。また比叡山延暦寺を焼き討ちした際には女子供も含めて徹底的に皆殺しにしました。「日本はぬるい」という歴史像から考えると、織田信長というのは相当に異質、変な存在です。信長がやっていることは、日本人としては相当特殊なんじゃないかということが、「日本はぬるい」という歴史像に照らし合わせて、演繹的にわかってきます。

他方、徳川家康は一向一揆に対してどうしたかというと、織田信長ほどに虐殺したり殲滅作戦に出たりはしていない。完全に潰すまでにはいかず、一向勢を東本願寺と西本願寺というかたちに分けて、力を分散させました。これは鎌倉時代に皇統が二つに分かれた両統迭立とよく似ています。大覚寺統と持明院統が皇統を争うことで、幕府に対して朝廷は強い圧力をかけられない状態を作り出しているのと、家康の一向一揆に対する政策はほとんど同じことだと思います。信長のように滅ぼしたりはしないという点では、家康が行ったことは「日本はぬるい」にかなうわけです。

このように「日本はぬるい」という歴史像に照らし合わせて、史実を評価し解釈するということもできる。これが演繹法です。

演繹法と帰納法を行き来する

通常、人間が何か物事を考えるということには、この帰納法と演繹法を繰り返して何度も物事を検証することが含まれていると思います。

先の例に倣うなら、徳川家康のやったことは「日本はぬるい」という歴史像にかなっている。徳川家康の一向一揆への対応という史実は、演繹的に評価することができる。しかしその一方で禁教令を出すなど、キリスト教に対しては非常に厳しく処罰している。

ところが、元来、多神教の日本は、宗教に対しても寛容で、宗教を理由に人が死ぬということはほとんどなかった。キリスト教のように異端審問によって異教徒を殺しまくるということはまずしなかった。カトリックとプロテスタントの対立のような宗教戦争によって、多くの人々が死ぬというようなこともなかったわけです。

それは、「日本はぬるい」ということに適合しているわけですが、ことキリスト教への弾圧はこの限りではなかった。豊臣秀吉がバテレン追放令を出し、江戸幕府もまたこれを厳しく取り締まる。ただ演繹するだけではまたわからないことが出てくるわけです。

だからこそ、演繹的な考え方で行き詰まったときは改めて帰納的な考え方で、史実を分析し直してみる。またそうして導き出された史像を、また個別の史実に照らして演繹的に確かめ直してみる。この繰り返しをすることで一歩一歩、史像を形作っていくわけです。

この帰納法と演繹法の循環は、普段私たちが生きていくなかで、「ああ、自分の考えは間違っているのかな？」「こっちの方がいいのかもしれないな」と、自分の意見や考え方、物事の見方を鍛え直し、より良いもの、より正確なものに鍛えていく方法なのです。

これは歴史研究に限らず、どんな分野のことにも応用して使うことができるものだと私は思います。

たとえば、コンビニの商品開発をする場合には、まずコンビニでどんなものが売れているのか、ひとつひとつのデータから事実を明らかにします。これは歴史学でいえば、データ＝史料から事実＝史実を明らかにすることです。

そして、得られた事実という情報を分析して、売れているものの特徴とは何かを導き出します。これが先ほどから説明している、史実から史像を導き出すということです。

売れている商品にはみんなストロベリー味もしくはイチゴが含まれている、となれば、「ストロベリー系の商品が売れている」という傾向を導き出すことができます。これは先ほど説明した帰納法です。

しかし、それが本当かどうか、「ストロベリー系の商品が売れている」という傾向から、個別の商品の売れ行きデータをもう一度、照らし合わせてみます。すると、「ストロベリー」だけでなく、「ストロベリーとチョコの組み合わせ」が売れているということがわかったとします。これはまさしく演繹法です。

こうして得られた傾向は、じゃあ、ストロベリーとチョコを使ったアイスの商品を開発したらどうか、といったアイディアにつながっていきます。

商品を分析し、売れ筋の傾向を見出し、それにあった企画を提案する。これは帰納法と演繹法を繰り返すことで可能になるわけです。

言ってみれば、帰納法と演繹法のトレーニング、知的なトレーニングをやっておくということは、一般社会に出たときに決して損にはならないというわけです。

こうしたトレーニングは歴史を学ぶことで身につけることができます。その意味では歴史を学ぶ、日本史を学ぶということは、決して社会に役に立たないということではないだろうと思うのです。

六つのターニングポイントから日本史を学ぶ

歴史とは何か、歴史を学ぶとはどういうことか。少々、私なりの意見を述べさせていただきました。

前置きが長くなりましたが、本書では、以下に挙げる六つの日本史のターニングポイントを取り上げながら、私なりに「歴史とは何か」「歴史を学ぶとはどういうことか」をさらに詳しく考えてみたいと思います。

①壬申の乱とそれ以降の出来事
②平将門の乱

③鎌倉幕府の成立（保元の乱、平治の乱、治承・寿永の内乱、承久の乱）
④応仁の乱
⑤関ヶ原の戦い
⑥明治維新

①壬申の乱は、天智天皇亡き後の後継を巡って、大海人皇子と大友皇子が争った古代最大の内乱とされる戦いです。このとき、両軍が争った場所は、のちの戦国時代を終わらせた天下分け目の戦いである関ヶ原の戦いが行われた場所と同一のところです。壬申の乱が一つの契機となって、日本の東西を明確に分けられる線、すなわち関が生まれ、「関東」というものが認識されるようになりました。

②平将門の乱は、東国、すなわちローカルな地域である関東の武士勢力が京都の天皇を中心とした西国に対して反旗を翻した最初の大きな事件です。まだ未成熟ながら、武士の台頭の萌芽が窺えます。

③鎌倉幕府の成立においては、四つの乱を取り上げます。平氏が京都の公家社会のなかで存在感を増すきっかけとなった保元の乱、そして平清盛を棟梁とする平氏政権を生み出

した平治の乱。その後、いわゆる源平の合戦とも呼ばれる東国の政権「鎌倉幕府」誕生のきっかけとなった治承・寿永の内乱、日本史上初となる天皇・朝廷と将軍・幕府の全面対決となった承久の乱。これらの乱を通じて、武士の、武士による、武士のための政権である鎌倉幕府は確立されていきました。以後、幕末・明治維新に至るまで、日本は武士が政治を行う社会になったのです。

④応仁の乱は、足利将軍家の家督争いに端を発し、一一年の長きにわたって続いた大乱とされます。しかし、実際にはその内実は細川氏率いる東軍と山名氏率いる西軍が幕府の主導権を巡って争ったものだったと私は考えています。この長い大乱の過程で、足利将軍家に力がないことが白日の下に晒されたと言えます。大乱が終焉した後には、京都にいた守護大名たちは自分たちの領地に戻り、各地で戦国大名に転身を図りました。こうして下剋上を狙う武士たちが群雄割拠する戦国時代へと突入します。応仁の乱はまさにそのきっかけとなった出来事と言えるでしょう。

⑤関ヶ原の戦いは皆さんもご存知の通り、徳川家康率いる東軍と、石田三成率いる西軍が、関ヶ原で争った天下分け目の戦いです。これに勝利した徳川家康は、江戸幕府を確立し、その後の大坂の陣にて豊臣家を滅ぼし、戦国時代に終止符を打ちました。以降、徳川

家が代々将軍を務める江戸幕府を中心とした江戸時代、すなわち武士の世の栄華が約二六〇年の長きにわたって続きます。関ヶ原の戦いは「徳川家康率いる東軍と石田三成率いる西軍の戦い」と書きましたが、戦いの内実を考えると、誰と誰が争ったのかと言えば、そんなに簡単に考えることはできません。このことについては本書のなかでも少し詳しく取り上げたいと思います。

⑥明治維新は、先にも述べた通り、黒船の登場すなわち外圧によって大きく社会が揺らぐことで、これまで長きにわたって続いていた徳川将軍家と幕藩体制に、疑問を投げかけることとなりました。とりわけ、薩摩藩と長州藩といった討幕勢力は、天皇を担ぎ出し、王政復古を叫び、幕府に対して大政奉還を迫ることで江戸時代に終わりをもたらします。こうして鎌倉時代から続いた武士の世もまた終わりを告げ、日本は近代化の道を歩んでいきます。このときに作られた近代国家の制度は、今日の私たちの暮らしにも大きく関わっています。とりわけ、「天皇制」という意味では、この幕末・明治維新の頃に、誰でもない日本の庶民たちが「天皇」を再発見していったのだろうと私は考えています。

私が専門とするのは日本中世史ですが、まさに中世は武士が台頭してきた時代と言えます。先述したように、武士の世は鎌倉時代から幕末に至るまで、長きにわたって日本史の中心でした。したがってこれら六つのターニングポイントは、日本史というものを考えたときに、長らくその権力の中心にいた武士の時代がいかに確立され、そして終焉を迎えたのかが一つのメルクマールとなっています。

本書はこうした日本史のターニングポイントを押さえることで、日本史の流れを感じてもらいながら、かつ歴史を学ぶことの魅力について解説することを心がけました。

受験勉強のように暗記をする必要は全くありません。私たちの祖先はどんなふうに生き暮らしてきたのか、それが自分にとってどんなふうに関係しているのか、それを感じ取ってもらい、考えてもらうだけでも十分に歴史を学んでいることだと思います。

それではまず、次章では日本という「かたち」が生まれるきっかけとなった古代日本の最大の内乱と呼ばれる壬申の乱からみていきたいと思います。

第二章

日本の歴史の誕生

日本列島は、三つの関を挟んで東西に分かれ、「西高東低」という法則に窺えるように、西国から発展していきました。

このように歴史を学ぶことによって、私たちが今日、当たり前のかたちだと思っていることが、実は長い時間をかけて先人たちの犠牲のもとに作られてきたことがよくわかります。

（本文より）

日本は一つだったのか？

先日、北海道の旭川で講演があり、お話をしに伺ったときのことです。参加いただいた地元の方々は、どうも日本の中世史についてはあまりピンときていないようでした。よくよく考えてみれば、中世の頃、旭川はおろか北海道というのは朝廷とも幕府とも縁遠かったのです。そういう歴史的背景を考えると、日本中世史について他人事に感じてしまうのもいたしかたないのかもしれません。同様のことは沖縄に行って講演したときにも感じました。

アイヌや琉球王朝の問題があるにせよ、私たちは小さな頃から、日本という国は「一つの言語を使う、一つの民族が、一つの国家を形作り、文化・伝統を紡いできた」と教わってきました。いわゆる「単一民族国家」というものです。

しかし、先述の通り、そもそも日本が今のかたちとなったのは、長い歴史の結果です。日本史を通じて、果たして常に日本という国は一つだったと言えるのでしょうか。

日本は西高東低である

この問いを考える上で重要なのは、日本という国は「西高東低」である、という日本史を通じて存在する法則です。そして、この「西高東低」と「日本」という国のかたちを考えるとき、古代日本の最大の内乱と言われる「壬申の乱」が、大きな契機となったと言えるでしょう。

日本は西高東低である、ということはつまり、歴史を通じて、西から文化がやってきたことを意味しています。中国大陸や朝鮮半島、あるいは東南アジアなどから新しい文物、情報が入ってくることで他者と関係し、文化的にも社会的にも開けてきたのは、日本列島の西側でした。反対に、東側はいわば未開の地域です。

古代史については私の専門外の分野のため、どのような議論がされているかはよくわかりませんが、『古事記』などの「神話」において描かれる神武天皇の東征は、西高東低を如実に物語っていると言えるでしょう。史実かどうかはおいておいても、少なくとも九州に起こった西側の勢力が瀬戸内海を通って奈良・大和へと侵攻してきたというのは、大枠として認めてもよいのではないかと思います。アメリカ大陸ではフロンティアは西に向かって広がっていましたが、日本列島においては、開拓は「東進」なのです。

近年の考古学調査で奈良県桜井市にある纒向《まきむく》遺跡は、ヤマト王権の原型となる拠点があったと考えられています。しかしそれが、どうして奈良になったのでしょうか。

もし中国大陸や朝鮮半島との交易を重視するならば、玄関口となる九州に都を置いたほうが便利ではないかという疑問が湧いてきます。

交易のためにはより「近い」ほうが便利と言えますが、地政学的なリスクというものを考えたとき、距離というのは「防衛」という観点からすると一つのアドバンテージになります。古代において文化的にも社会的にも、政治的にも進んでいたのは、明らかに中国大陸や朝鮮半島のほうです。そうした先進国が侵攻してくる脅威というものが当時の日本にはありました。これに対して、いちばんの対処は距離を取ることでした。

たとえば、朝鮮半島では韓国の首都ソウルは北朝鮮との国境線である三八度線のすぐ近くに位置しています。有事の際にはすぐに侵攻されてしまう場所にあることは、安全保障の面では非常に厳しい位置にあると言えるでしょう。

いわば奈良は西の玄関口である九州からある程度、距離を置いた安心安全な場所だったと考えられます。つまり古代日本において奈良は東の外れに位置していたのでしょう。また、家屋に奥座敷や奥の院があるように、奈良に置かれた都に対する奥の院は伊勢だったと考えられます。そこには天皇の祖先である天照大神を祀る伊勢神宮が置かれました。

古代日本最大の内乱「壬申の乱」

それでは日本という国は「西高東低」である、ということと壬申の乱はどのように関わってくるのか。順を追って説明していきたいと思います。

六七二年に起きた壬申の乱とは、二〇年以上にわたり朝廷の実権を握った天智天皇の崩御後、その嫡男である大友皇子と、天智天皇の弟である大海人皇子の間に勃発した古代日本最大の内乱です。

『日本書紀』によれば、病に倒れた天智天皇は弟の大海人皇子を病床に呼んで、皇位を譲ることを告げたとあります。しかし、大海人皇子は譲位を受けると謀反の嫌疑をかけられる恐れがあると考え、自らの病弱さを理由にこれを断り、出家することを望みました。その後、天智天皇の許しを得て、頭髪を剃り、吉野宮（現在の奈良県吉野郡吉野町）へと向かいました。

天智天皇の崩御後、実権を握ったのはその長子・大友皇子でした。やがて、近江大津宮に政権を置いた大友皇子に対して、大海人皇子は反旗を翻します。近江政権が兵を徴発するなど不審な動きを見せており、大海人皇子側を討とうとしていると考えたためでした。大海人皇子は、「私が皇位を辞退して身を引いたのは、ひとり療養につとめ、天命を全うしようと思ったからである。それなのに今、避けられない禍を受けようとしている。どうしてこのまま黙っておられようか」と述べ、挙兵に及んだと『日本書紀』にあります（本郷和人『壬申の乱と関ヶ原の戦い』より）。

大海人皇子が譲位を断ったのには、おそらくこのまま近江政権内に留まると政治生命はおろか、自分の生命そのものも危ないだろうと考えていたからではないかと思われます。他方で、大海人皇子は大友皇子とその政権を武力で破ることで、新たな権力と秩序を得ようと考えていたのかもしれません。古代ギリシャの哲学者ヘラクレイトスが「戦いが王をつくる」と述べたように、戦いに勝利してこそ、王としての権力が保証されるのです。

そのため、大海人皇子にとって吉野へと下ることは命懸けの逃避行でした。腕に覚えのある舎人を多数従えて吉野に向かった大海人皇子は、近江政権と戦う明確な意思を持って、相当な準備をしていたと考えられます。

仮に大海人皇子が戦争を欲していたとするなら、その戦いによって何を成し遂げようとしたのでしょうか。

天皇になることを考えれば、そのまま天智天皇から譲位を受諾していればよかったでしょう。これを断り、あえて内乱を起こしたのですから、戦いを通じて何かを変える必要が大海人皇子にはあったと考えるべきです。

これを考えるには、壬申の乱に至るまでの歴史を一度、おさらいする必要があります。

壬申の乱前夜「白村江の戦い」

即位する以前の天智天皇、すなわち中大兄皇子は中臣鎌足と組み、六四五年に蘇我蝦夷・入鹿の父子を滅ぼしました。いわゆる乙巳の変です。その後、大化の改新によって、公地公民制度や班田収授法、租庸調の税制などを制定し、中央集権体制を確立していきます。

同時期、唐と新羅の連合軍が朝鮮半島に侵攻し、六六〇年に百済を攻め滅ぼしました。中大兄皇子は友好関係にあった百済の復興を支援し、朝鮮半島に大軍を派遣したのです。いわゆる「白村江の戦い」の勃発でした。

六六三年、この戦いに大敗を喫した中大兄皇子は、唐・新羅の侵攻に備えて飛鳥から近江大津宮に都を移しました。そして、六六八年、即位して天智天皇となります。

この間、朝鮮半島の情勢が大きく動き、新羅が急速に力をつけ唐と敵対するようになりました。そのため、今度は唐から倭国に対し出兵要請が下されたのです。

百済から亡命した人々は帰化し、近江政権のブレインとして活躍、新羅による日本侵攻への備えを進めつつありました。しかし、すでに西国は白村江の戦いにおいて徴兵や物資徴発が続いたため、大きく疲弊していました。そのため、西国ではなく東国から徴兵する必要があったのです。

いわば天智天皇とその後継者である大友皇子は、国外政策を重視していたことになります。やがて、近江遷都の強行などに対して反感が強まっていきました。

ここに大海人皇子が戦いを起こす目的がありました。そもそも近江に都があること自体、異例のことです。国外政策を重視するあまりに近江に移された都を元の姿に戻すこと。そして、天智・大友政権の方針である外交重視から内政重視へと方針転換を図ろうとしていたのです。

大海人皇子は国外勢力と渡り合うよりも、むしろ国内の整備に力を注ぎたいと考えていたようです。そのためにまず吉野に移り、近江政権がどのように動くかを見定めるというのが大海人皇子の戦略だった、と言えるかもしれません。

壬申の乱の推移

大海人皇子が吉野入りしたのは、六七一年一〇月二〇日のことでした。同年一二月に天智天皇が崩御すると、以降、大海人皇子の動向を伝える記録が途絶えます。

この時期に大友皇子が吉野に兵を差し向ければ、難なく大海人皇子を討つことができたでしょう。しかし、大友皇子はそれをしなかった。それはなぜか。

おそらくこの時点では大友皇子は、大海人皇子の討伐までは考えていなかったのではないでしょうか。

白村江の戦い以降、朝鮮半島との緊張関係が続く近江政権としては、いつ攻めてくるかわからない新羅への対応に追われていました。また、天智天皇崩御後、大友皇子即位への準備もしなければなりませんでした。

六七二年五月、大海人皇子は朴井雄君《えのいのおきみ》からある報告を受けたと『日本書紀』は記しています。美濃・尾張の国宰《くにのみこともち》らが、天智天皇の山稜（天皇などの墓）を造成するために人を差し出すよう命じられ、武器も持たせられていたというのです。『日本書紀』はこれを大海人皇子討伐のための徴兵だったとしています。しかし、国外対策に疲弊していた大友皇子と近江政権の状態を考えると、これは対大海人皇子というよりも、対新羅用の徴兵だったのではないでしょうか。同様の考察を古代史研究者の倉本一宏氏も自著『壬申の乱』のなかで展開しています。

とにかく、大友政権による徴兵が東の美濃・尾張で行われようとしていることを察知した大海人皇子はすぐに動き出します。同年六月二二日、美濃の安八磨郡（現在の岐阜県安八郡から揖斐郡、大垣市を含む地域）にて徴兵を実施するために臣下の舎人を派遣しました。大海人皇子は安八磨郡の湯沐邑《ゆのむら》に領地を持っていたのです。また、安八磨郡は高純度の赤鉄鉱が産出される地域で、これを原料に大量の武器を作ることができます。そして、湯沐邑に拠点を移せば、大友政権が徴発した美濃・尾張の兵を配下に置くことも可能になるのです。

こうして、大海人皇子は美濃・尾張の兵を味方に引き入れ、湯沐邑の和蹔《わざみ》に入りました。不破関にほど近い和蹔に陣を敷くことで、大海人皇子は不破道を塞いだことになります。また、これに先立って大海人皇子は吉野から美濃へと移る途中、鈴鹿関を通り、この鈴鹿山道を押さえています。この二つは東西を結ぶ主要な交通路でした。これを押さえた大海人皇子は、大友皇子軍の東進に備えるとともに、政権の影響の外にある東側の美濃・尾張で兵を集めることに成功しました。

六月末、いよいよ大友皇子の軍勢と大海人皇子の軍勢が大和で衝突。その後、近江での戦い、瀬田橋での戦いを経て、大海人皇子の軍勢は大友皇子の近江大津宮に迫り、これを攻略しました。疲弊した西国ではなく、美濃・尾張をはじめとする東国の勢力を動員した時点で、すでに大海人皇子の勝利は確実だったと言えるかもしれません。

敗れた大友皇子は七月二三日に自害しました。

大海人皇子はその後、飛鳥＝大和に政権を移し、六七三年に即位して天武天皇となりました。この天武天皇のもとで、日本という国が大きく変貌を遂げていきます。白村江の戦いで大敗を喫した日本を、もう一度、強いかたちでまとめ直すこと。これが天武天皇にとっての急務となりました。

三つの関の東側が「関東」

この壬申の乱において、大海人皇子は東国勢力を味方につけ、不破関をはじめとする東西を結ぶ要所を押さえることで勝利を得ました。この不破関は時代が降って、戦国時代末期に行われた天下分け目の合戦の舞台である「関ヶ原」として知られる土地です。

この壬申の乱をきっかけにこの不破関が東国と畿内の分かれ目であり、朝廷の防衛ラインとして重要な場所であることが認識されていきます。不破、鈴鹿という要所を押さえた大海人皇子＝天武天皇は、壬申の乱後、主要な幹線道路と関所の整備を進めました。北陸から都に至る北陸道には愛発関《あらちのせき》が置かれ、東山道には不破関、東海道には鈴鹿関が整備されました。これら三つの関所を結ぶ縦のラインは、日本列島をちょうど東西半分に分けるかたちとなります。この関のラインから西が大和政権にとっての「こちら側」、つまり内側になります。反対に関の東側は関の外です。東側は「あちら側」なのです。

三つの関の東。すなわち関東、というわけです。今日ですと、箱根の関の東側が関東だと思われがちですが、古来、関東とは中部地方も含む広大な領域を指していたのです。

この関に関連して、朝廷では代々、固関《こげん》という行事が行われてきました。これは国が動くような重要な行事がある際には関を固めるというものです。天皇や皇后の即位・崩御といった代替わりこそが、朝廷にとって最も重要な行事ですが、それ以外にも朝廷で大きな改革が行われる際には、固関使を派遣して、関所の防備を固めています。

現在の日本史研究では、こうした重要な行事の際に反乱分子となる悪人が東側に逃げるのを防ぐためとされていますが、壬申の乱を考えると答えは逆になるだろうと思います。

大海人皇子＝天武天皇が大友皇子に勝利したのはまさに東国勢力を味方につけたからでした。朝廷＝西国にとっての脅威は東側にあるのです。つまり、三つの関は東国勢力の脅威から西国を守るためにあったことになります。

いわば、壬申の乱を契機として「西高東低」という日本列島の独自の法則がより強く意識されたのです。関東が「あちら側」であるということはいわば、朝廷を中心とする西国の力が及ばない未開の地域です。つまり、朝廷を中心とする西国に統治されない存在である東国には、朝廷に従わない有象無象の敵がひしめいていることになります。有事の際には関を閉じて守りを固める。これが固関という行事の真の役割でした。

しかし、逆に言えば、全く未開拓の地である東国へと進出することは新たな権益を獲得することができる。天武天皇は地方行政の改革を進め、武蔵国や尾張国といったような「国」を日本全土に置きました。もともと東国で兵を集めて勝利した天武天皇はその力の強大さをよくわかっていたのかもしれません。未開拓であった東国を整備することで、国力の強化に努めていきました。

より時代が降り、聖武天皇の時代には全国に国分寺・国分尼寺が造営され、観念的には日本は一つであるということが意識されるようになったと言えます。桓武天皇の時代には、征夷大将軍として坂上田村麻呂を東北地方に派遣し、中部地方は西国の勢力へと組み込まれた結果、関東は箱根関から東側、つまり現在の関東地方の姿を形作るようになったのです。

日本と日本史の誕生

このように壬申の乱以降、「西高東低」をより強く意識されると同時に、内政を重視した天武天皇によって「日本」という国の輪郭が形作られるようになっていきます。

それまで「大王」と呼ばれていた豪族たちの王は、天武朝から「天皇」の称号で呼ばれるようになったとされています。

それと同時に、天皇を讃える神話と歴史の編纂が進みました。いわゆる『古事記』『日本書紀』の編纂です。全国の神話が高天原系の神話のなかにまとめられ、その中心的存在である天照大神の直接の子孫が天皇家であるとされます。また天武天皇の娘・大来皇女《おおくのひめみ》が天照大神を祀る伊勢神宮の初代斎宮《さいぐう》となりました。

こうして壬申の乱以降の天武天皇の後を継いだ持統天皇の治世に、日本という国のかたちと、その歴史である日本史の萌芽が見られたと言えます。

また唐から律令制を輸入すると同時に、大陸から一定の距離をとることにも成功しました。

それはまず当時の中国に対して日本は朝貢していないということが挙げられるでしょう。中国は代々周辺諸国に対して冊封を敷き、いわば中国を中心とした帝国体制を作ってきました。ベトナムや朝鮮にもそれぞれ王はいましたが、その立場を保証してくれるのはあくまでも中国の皇帝だったのです。ベトナムや朝鮮の王たちは、中華帝国という大きな枠組みのなかにあってこそ、存在することができた。そのため、漢字という中国帝国内の言葉を用いて、かつ中国と同じ元号を使わなければならなかった。ベトナムや朝鮮ではたとえ王が亡くなろうとも元号を変えることはなかったのです。

しかし、これに対して日本は独自の元号を用いることを中国に認めさせました。また、大宝二(七〇二)年に再開された遣唐使では、「日本国」の使者であると主張させています。これが歴史上初めて、日本という国号の使用が確認された記録になります。

このように中華帝国の支配から一定の距離を置けたことが、日本の国内整備と国力の増強につながっていったと考えられるでしょう。そこにはやはり第一章でも述べた通り、日本が大陸から海を隔てた島国であるという地政学的な要因が大きかったように思います。

歴史・神話・伝承・民話の違い

日本という一つの統一したかたちを作ろうとする流れとともに、天皇の権力を正当化し讃える神話と歴史の編纂が進められた、と先に述べました。その結果、生み出されたのが『古事記』や『日本書紀』ですが、今日の日本史教科書では純粋な「歴史書」としては紹介されていません。現行の山川出版社の『詳説日本史B 改訂版』では次のように記されています。

「天武天皇時代に始められた国史編纂事業は、奈良時代に『古事記』『日本書紀』として完成した。（中略）『古事記』は、神話・伝承から推古天皇に至るまでの物語であり、（中略）『日本書紀』は、（中略）神代から持統天皇に至るまでの歴史を天皇中心に記している」

また、『古事記』『日本書紀』にはそれぞれ注釈が付されており、前者は「そのまま史実とはいえない」、後者は「本文中には中国の古典や編纂時点の法令によって文章を作成した部分もあることから十分な検討が必要であるが、古代史の貴重な史料である」とありま す。国史として編纂された『日本書紀』にはある程度の史料的価値を認めながらも「十分な検討が必要」とし、『古事記』に至っては「物語」としています。

しかし、こうした『古事記』『日本書紀』に描かれた天皇中心の神話・歴史を、戦前・戦中の日本では史実として教えていました。いわゆる皇国史観です。そこにあるのは実証を重んじる現代の歴史学とは関係ない、「信仰」の対象としての「神話」＝「物語」です。

敗戦を経て、戦後になると皇国史観は否定され、代わりに「物質的な生産力や生産関係の変化が歴史を作る」と考える唯物史観が歴史学の中心的な考え方となっていきます。その結果、より科学的かつ実証的な歴史記述が重んじられ、記紀などは「歴史書」とは呼べなくなったのです。

現行の歴史教科書も戦後の改訂が生きていると言えるでしょう。

先述したように神話とはいわば信仰の対象です。実際にあった出来事を書き留めた「歴史」ではなく、あくまでもそのような出来事があった、そのような人物がいたと「信じる」ためのものです。

このほか、過去に関する情報を指す言葉として、「伝承」や「民話」などがあります。天孫降臨などをはじめとする日本神話は、天武天皇以降の国家事業により、文字を使って書き留められましたが、伝承や民話は基本的には口伝です。口伝で人々の間で面々と伝えられてきた口承のものになります。たとえば、アイヌのユーカラや沖縄のおもろなどの口承文学がこれにあたります。

こうした口承のもの、伝承や民話を中心に扱ってきたのが柳田國男《やなぎだくにお》以来の民俗学という分野です。伝承や民話は、史実と言えるかどうかは信頼性に乏しく、大元の出来事は本当にあったことだったとしても、口から口へと伝えられる過程で、民衆の想像力によってさまざまに脚色が施されていきます。そのため、歴史学ではこれまで研究の中心的な対象とはされてきませんでした。

歴史学は文字によって書き留められた信頼のおける「史料」に基づく学問です。そこには、やはり天皇を中心として物語が歴史学の中心になってしまった「皇国史観」という苦い経験があるからなのです。

そのため、民俗学が対象とするような口承伝承の世界をどのように活用するかは、今後の課題と言えるでしょう。

関西は先進地域、関東は未開地域

さて、話を改めて壬申の乱と「西高東低」の話に戻したいと思います。

本章で述べてきたように、古代日本において、開発の進んだ西国と未開の地域である東国とに大きく分かれたように、未だ日本は一つとは言えない状態でした。しかし、壬申の乱以降、政権を握った天武天皇は北陸道、東山道、東海道という東西をつなぐ主要な幹線道路を整備するとともに、愛発関、不破関、鈴鹿関という関を設け、東側を牽制すると同時に開発に着手します。

そして、西国だけでなく東国を含む日本全土に国を置き、律令制の制定とともに中央集権化を推し進めていきました。

いわば、日本という一つの国のかたちが観念上では誕生したとは言えます。しかし、西国に比べ東国の開発はまだ徹底されたとは言えません。

たとえば、広大な東北地方にはたった二つしか国が置かれていませんでした。現在の青森県、岩手県、宮城県、福島県を含む陸奥国と、秋田県と山形県にあたる出羽国です。

観念上では日本という一つの国としてのまとまりが誕生しつつも、まだまだ西国と東国は大きな差異を有していたことになります。東北地方に二カ国しか置かれなかったというのは、端的に、西国の奈良の都に住む人々にとって東北地方は地理的な知識も薄く、その実情をよくわかっていなかったと言えるでしょう。

先述したように、桓武天皇の時代には、坂上田村麻呂が征夷大将軍に任命され、軍勢を引き連れて東北へと向かいます。しかし、これは東北を直接、統治下に置くための軍事行動というよりも、調査目的のためだったと考えられます。

非友好的な地域で戦闘になることも想定して、兵力を有する調査隊を送り込むことを軍事の世界では威力偵察と呼びますが、この坂上田村麻呂の蝦夷征伐も、この威力偵察だったのでしょう。これにより、ようやく朝廷も東北の位置付けが定まってくることになります。

このように関東という言葉は古くからあるのですが、関西という言葉は比較的新しい言葉になります。西側は「こちら側」なのですから、都の人々は自分たちが「関西にいる」などとは思ってもみませんでした。関は都の東側にあり、さらにその東側は「関東」と呼ばれる未開の地域であるという世界観です。江戸時代に入っても関西という言葉はほとんど使われず、あくまでも「上方」という言葉が使われていきます。

朝廷が置かれた都とそれに準じる西国は先進地域である一方、東国は朝廷の影響力の薄い僻地であり、未開拓のフロンティアが広がっています。朝廷内で失脚し出世が見込めなくなった者や、新たな可能性を求め一旗揚げようとする者はみな、関東へと向かいました。まさに「西高東低」、日本の開拓・発展はアメリカ大陸とは逆に西から東が鉄則なのです。

なかでも、いち早く関東へと下ったのが、桓武平氏の一族でした。彼らが関東に拠点を置き、土地を開拓して力を蓄えると、やがて互いに利益の分配を巡って争いが生じるようになります。これが次章で紹介する「平将門の乱」になっていくのです。こうした関東のフロンティアへと飛び出た者たちは、のちに「武士」と呼ばれ、やがて日本の歴史の中心的な役割を担う存在へと成長していきます。

これについては次章で詳しく説明するとして、本章ではこれまで述べてきた通り、日本という国は古来一つだったわけではない、という点を押さえておきましょう。日本列島は、三つの関を挟んで東西に分かれ、「西高東低」という法則に窺えるように、西国から発展していきました。

このように歴史を学ぶことによって、私たちが今日、当たり前のかたちだと思っていることが、実は長い時間をかけて先人たちの犠牲のもとに作られてきたことがよくわかります。本章ではまず、そのことを心にとどめていただけたらと思います。

第三章

歴史を考えるとは

将門が関東の独立を目指したということは、そもそも関東がどういう場所かがわからなければ理解できません。そのためには、壬申の乱以降、三つの関が作られ、それよりも東の地域は関東と呼ばれたこと、そしてその地は西側に比べて、未開拓の地域であったこと、こうした事実を将門の乱につないでいくことが必要です。

（本文より）

東北と関東

前章では日本の歴史には「西高東低」という一つの法則があることを説明しました。そのなかで、三つの関の東側を「関東」と呼び、朝廷の力が及ばない未開拓の地だったと述べました。その後、この関東＝東国には在地の領主たちが勢力を増していきます。この在地の領主たちのなかで起こったのが、平将門の乱であり、そして「武士」たちの台頭でした。

平将門の乱というのは、日本史のなかでもやはり一つの大きなターニングポイントであると思います。それは武士の戦いの始まりであると同時に、関東＝東国の立ち位置をよく表しています。本章ではこの平将門の乱を中心に見ていきたいと思います。

桓武平氏の祖・高望《たかもち》の孫である平将門は承平五（九三五）年に領地をめぐる争いから伯父である平国香《くにか》を殺害し、天慶二（九三九）年に乱を起こして、関東八カ国を支配下に置いて、「新皇」を名乗りました。その後、朝廷は藤原忠文を征東大将軍に任命し、追討軍を組織します。しかし、実際には軍勢が関東に到着する前に平国香の子・平貞盛や藤原秀《ひで》郷《さと》らによって将門は討たれました。

征東大将軍とはいわゆる武士の棟梁として「幕府」を開いた源頼朝や足利尊氏、徳川家康などを連想されるかもしれません。しかし、将門が乱を起こした頃にはまだ「武士の棟梁」というような意味合いはありませんでした。古代、関東・東北地方にあった蝦夷という朝廷に与しない勢力の討伐を任命されたのが、令外官《りょうげのかん》（律令制のなかで規定のない官職）である征東大将軍です。これとほぼ同じ意味合いで征夷大将軍に任命されたのが、桓武天皇の時代に東北へ派遣された坂上田村麻呂でした。

桓武天皇による坂上田村麻呂の東北派遣については前章でも簡単に触れましたが、東北・関東を含む東国というものを考えるヒントにもなると思います。桓武天皇の最大の業績といえば、平安京を造ったことと東北へ軍勢を派遣したことだと言えます。しかし、いずれも莫大な費用がかかり、朝廷の財務が傾いてしまったため、平安京の建造計画を途中で止め、坂上田村麻呂の蝦夷征討を切り上げさせたというような話もあります。

この坂上田村麻呂の東北への派遣をどうとらえればよいのか。よく言われるのはこの蝦夷征討をもって、東北地方まで朝廷の支配下となったということですが、桓武天皇の時代において、そのように評価するのは早計だろうと私は考えています。

先述したように、軍事用語で威力偵察という言葉があります。敵と遭遇する確率の高い地域を偵察する場合、ある程度の武力を保有した兵隊を組織して、偵察に向かわせます。これが威力偵察です。おそらく坂上田村麻呂の東北派遣はこのような威力偵察だったのではないかと私は思っています。

威力偵察ですから、もちろんそこには戦闘状態に入ることもあったでしょう。その後、阿弖流為《アテルイ》を都まで連れ帰ってきていますが、「東北にはこんな連中が住んでいる」というのを証明するための、いわゆる捕虜でしょう。

ですから、坂上田村麻呂の東北派遣の時代に、すでに朝廷は東北地方をしっかりと治めることができたかというと、おそらく難しかったのではないかと思います。平将門が乱を起こした関東にあっても同様です。朝廷の支配が遍く行きわたっていなかったからこそ、在地領主たちは自分たちで武装し、自分たちの土地を守らなければならなかったのです。そのための戦いのなかで、武士が台頭してくるのです。

在地領主の生き残りをかけた戦い

武士たちは、地方で勢力を伸ばした在地領主や、都で出世の芽を失った貴族のうち地方で勢力を広げた者たちのなかから誕生してきました。第二章でも述べた通り、簡単に言えば、西国から一旗揚げるためにやってきた者たちが関東の地を開拓していき、それが武士となったわけです。

その最たるものが平氏でした。とりわけ平将門は私営田を自分の領地とする、いわゆる私営田領主です。私営田は在地領主たちが開墾し、経営した土地のことで、国家が直接経営した公営田とは異なります。

天武天皇以降、中央集権化が進んだ日本では、列島各地に「国」が置かれましたが、この「国」は今でいう「県」のようなものです。その国ごとに朝廷の出先機関として国衙《こくが》が置かれましたが、これは「県庁」ということになります。その国衙に対して、自分たちで田畑を開墾するからと税金の減額などを交渉し、半ば土地を所有したのが私営田領主です。彼らは全くの原野を牛や馬の力を借りて木を切り、根を引き、水捌けをよくして田畑にしていったのです。

ここで少し、当時の地方の統治体制について触れておきますと、地方に置かれた国衙には、中央から派遣された地方官が赴任します。これを国司と言います。国司は守《かみ》、介《すけ》、掾《じょう》、目《さかん》という四つの等級があります。当初はいずれの役職も都から任期付きで赴任していたのですが、都に戻ってもこれ以上出世の芽はないだろうと判断した役人たちはそのまま地方に居付き、国衙で培った人脈・地脈を使って一旗揚げようとする者が現れます。これが私営田を開墾した在地領主へとなっていきました。

天平十五（七四三）年には「墾田永年私財法」が出されます。これにより、開墾した土地は自分のものにしてよいとされるようになり、こうして生まれた土地は荘園と呼ばれます。

しかしこうした在地領主たちが土地を開墾したとしても、国衙はその安全を保障してはくれません。当時の律令制ではあくまでも公地公民が建前でしたから、こうした私有地である荘園は、役所が例外的に認めていた「おめこぼし」に過ぎないのです。むしろ、ことあるごとに国衙側はこうした在地領主の土地を没収しようと狙ってすらいました。それは近隣の在地領主たちにとっても同様で、隙があれば相手の土地を奪ってやろうとしていたのです。

つまり、朝廷の力がそこまで及ばない関東では、国衙や在地領主たちが土地を争って奪い合いを行っているような、弱肉強食の世界だったと言えるでしょう。

それでは、在地領主が自分の土地を守るためにどう対処したのか。

平将門の乱の頃からはやや時代が降り平安末期には、中央から派遣される国司は、ほとんど任命された本人は直接地方に赴かずに下級の官人を「目代」として派遣するようになりました。この目代のもとで現地の在地領主は国衙の下っ端の役人である在庁官人となり、自分の土地を守るようになります。

もうひとつは、国司に影響を与えられるほどの力を持った中央の貴族や大きな寺社に土地を寄進して、毎年年貢を送り、その代わりに保護を求める方法があります。寄進された貴族は上司《じょうし》、在地領主は下司《げし》と呼びます。

ところが、こうした上司たちがいざというときに頼りになるかどうかは、定かではないことでした。実際に土地を侵略される場面に至っては、任地にも来ないような貴族たちが、地方の土地争いに肩入れするはずもありません。

平将門が兵を挙げた頃から時代が降った平安末期であっても、結局、自分の土地を守るために頼れるのは、「自力」だけなのです。武装し、仲間を集めて、自らの土地を自分たちで守るしかない。平将門の戦いも、まさに土地をめぐる戦いだったのです。

平将門の乱の推移

平将門の先祖は、現在の千葉県中部にあたる上総国の国司（上総介）として、都から派遣された平氏の一族でした。関東といえば、後の鎌倉幕府の誕生のイメージからか、源氏を連想すると思いますが、実は源氏より先に平氏が関東に土着していたのです。鎌倉時代の有力な武士である三浦氏（相模国）、上総氏（上総国）、千葉氏（下総国）、畠山氏（武蔵国）は、いずれも平氏です。

平将門は先述したように桓武平氏ですが、祖父・高望が上総介に任じられ関東へと下ってきます。そして、上総介の任期が終わった後も都には戻らず、そのまま関東に土着し、在地領主となりました。将門自身は上洛して、摂関家出身の藤原忠平に仕えたりもしていましたが、父・良将が若くして亡くなったため、関東へと戻ることになりました。

将門が関東に戻った頃には、すでに父の土地の多くは、それぞれ伯父・叔父にあたる平国香、平良兼らに奪われていたのです。まさに親兄弟・血縁者同士であろうとも争い合う、弱肉強食の世界です。将門は下総国の豊田（現在の茨城県常総市・下妻市）を本拠地とし、土地を奪還するべく奮闘しました。

承平五（九三五）年には、常陸国の源護の子らを討ち、同様に常陸国の平国香を討ちました。そして、上総介である平良兼とも争いを続けます。国司の上総介である良兼に反旗を翻したということは、まさに朝廷に弓を引いたことになります。ところが、先ほども述べた通り、関東は都よりも遠く、その影響力は薄く、国衙による統治はほとんど機能していない状態でした。源護《みなもとのまもる》が同年九月に朝廷に訴え出たことで、将門は朝廷から召喚命令を受け、上洛を余儀なくされました。検非違使庁で取り調べの結果、軽い刑で済まされ、恩赦が下されて関東へと戻ります。このように、関東という「地方」の諍いに対して、朝廷はそこまで厳密に対処していないことがわかります。

承平八（九三八）年、武蔵国に権守《ごんのかみ》として赴任した興世王《おきよのおう》と介の源経基が、足立郡の郡司を襲撃して略奪をするという事件が起きた際、関東へと戻った将門が介入して調停役を果たしています。国司たちが利権を漁ろうと地元のボスたちと争いになり、そこで頼りにされたのが将門だったのでした。

各地で暴れ回った将門は、関東八カ国、すなわち下野国、上野国、常陸国、上総国、下総国、武蔵国、安房国、相模国を勢力下に置き、自らは新しい天皇、すなわち「新皇」を名乗りました。そして、自らの弟・将頼を下野守に任ずるなど、国司の任命を行いました。

こうして、将門は関東の独立を画策したのですが、しかし、将門には新しい国家なり統治体制を作るという構想は皆無でした。国司の任命はそもそも朝廷の律令制をそのまま踏襲したものです。また、藤原玄茂《はるもち》を常陸介に、興世王を上総介に任命し、守を置かず介を国司のトップにしています。守は都にいる親王が就くという朝廷が定めたルールに従っているのです。

また新皇という名前も、天皇という王権の模倣に過ぎません。つまり、全く新しい権力を立ち上げられるほどのビジョンが将門にはなかった。ほとんど、チンピラのケンカの延長で、関東を勢力下に置いただけでしかなかったのです。その反面、このような将門の反乱と関東の独立を許してしまうほど、朝廷の影響力が関東では薄かったということも言えるだろうと思います。

天慶三（九四〇）年一月、朝廷は藤原忠文を征東大将軍に任じ、将門の乱の鎮圧に向けて、重い腰を上げます。しかし、先述した通り、この頃の征東大将軍はのちの時代の征夷大将軍とは異なります。忠文はただ、「東の賊を討て」と命令を受けただけ。名目だけだったのです。武器や兵站など具体的な兵力の支給については特にありませんでした。そのため、結局、将門を討ったのは、同じ平氏一族の平貞盛や、関東の下野国に土着した在地領主である藤原秀郷らでした。

この藤原秀郷はムカデ退治をした俵藤太の名で知られていますが、一四世紀に編纂された『尊卑分脈』によれば、藤原氏とされています。しかし、本当のところはよくわかっていません。実際にはどこの馬の骨かわからない、地元の一勢力に過ぎなかったという説もあります。朝廷ではなく、そんな在地の勢力が将門を滅ぼしてしまうあたりに「西高東低」、当時の関東の「田舎性」のようなものを感じずにはいられません。

その一方、この出来事で重要なのは、関東というものの立ち位置です。将門が朝廷の支配から外れて、関東を独立させようとした。辺境の地に土着した勢力からのボトムアップが、歴史を作っていく、そんな動きがすでに将門の乱には見られるのです。

朝廷の支配が行き届かないところでは、在地領主たちは自分の土地を保障してくれる存在がありません。自分たちで守るしかない。そうなると朝廷への不満も高まるわけです。そのような地として関東はあったということになります。

のちの時代、関東では徳川家康によって江戸幕府が開かれ、江戸という一大都市が造成されます。江戸の三大祭といえば、日枝神社の山王祭、富岡八幡宮の深川祭、そして神田神社の神田祭ですが、この神田祭を行う神田神社は平将門を祀っています。あるいは九段にある筑土神社も将門を祀る神社です。大手町には有名な将門塚が保存されていますし、私が住んでいる千葉県にもいたるところに将門伝説が残されています。

これは歴史学というよりも民俗学的な分野の範疇になるかもしれませんが、将門は関東の人々から尊崇され、言い伝えられてきたのです。それと意識されたわけではないとは思いますが、将門はやはり関東独立の象徴的な存在とされてきたのかもしれません。

このように朝廷を中心とする西国に対する東国、関東の独立を目指した戦いは、後の時代の鎌倉幕府の誕生へとつながっていきます。これについては第四章で詳細に取り上げたいと思います。

史料に振り回されずに考えること

私は日本史の教科書作りを担当した際に、現在の日本史は暗記科目になり過ぎてしまっていることを突きつけられ、愕然としたと第一章でお話ししました。学問として日本史を考えるならば、やはり原因があったら結果があるというように、その因果をきちんと分析することが科学的かつ学問的な思考だと思います。

そのような因果を無視した暗記中心の日本史教育からは、たとえば私が本章で解説したような平将門の乱が日本史のターニングポイントである、ということはなかなか見えてきません。

将門が関東の独立を目指したということは、そもそも関東がどういう場所かがわからなければ理解できません。そのためには、壬申の乱以降、三つの関が作られ、それよりも東の地域は関東と呼ばれたこと、そしてその地は西側に比べて、未開拓の地域であったこと、こうした事実を将門の乱につないでいくことが必要です。また、将門の乱は次章以降で解説する鎌倉幕府の成立などにも大きく関わってきます。

こうした日本史の文脈を感じ取るには、暗記だけではだめなのです。

また、より専門的な話をするならば、史料至上主義という問題も、日本史学、歴史学は常に孕んでいます。日本史学、歴史学という学問は、史料を解釈して、史実を明らかにしていくことがまず重要であることは、先述した通りです。

日本では戦前・戦中と、史実を軽視し物語性に重きを置いてしまった皇国史観の反動もあり、戦後は実証的な科学を常とした史的唯物論が影響を強めました。科学である以上、史料を十分に検証し、史実を確定することは徹底的にやらなくてはならない。しかし、いくら日本が世界的にも貴重な歴史文献・史料が多数残っている地域だとしても、どうしても欠落した部分というのが出てきてしまいます。

ある時代の出来事を叙述する際に、すべて過不足なく史料が揃っているということは、たとえ史料が多数残っている日本であってもまずありません。どうしてもこの部分は史料が足らない、あるいは史料が薄いといったことが当然あるわけです。

そういうときには、史料と史料の間を埋めるために、演繹法や帰納法などを駆使しながら、比較したり、論理的な考察をしたりしてみて、たとえ史料がない部分であっても史実というものを構築していく努力をするべきだと私は思っています。

ところが、史料に忠実であること、史料を徹底的に読み込んで、史実を確実にすることに固執する人は、こうした文脈を埋めるための思考に批判的です。たとえ史料が欠けた部分であっても、他の史料と史料を照らし合わせて、演繹的あるいは帰納的にこの欠けた部分はこうだったのではないかと類推してみる。これは立派な学問的な考察だと思うのですが、史料至上主義者は史料がないならそんなことは言えないと切り捨ててしまいます。

これはある意味、暗記偏重の教育とセットのような気がします。史料と史料の空白を「考える」ことを怠っているのです。もし、これをしないというならば、日本の通史を書くというものは諦めなければいけなくなるでしょう。

ですから、繰り返しになりますが、歴史の流れを読むためには、その史料と史料のつながり、史実と史実のつながりを考えること、ひいてはある一定の物語性のようなものが重要になってくるのではないかと思うのです。

平将門の乱を「考える」

さて、もう一度、平将門の乱に戻って、「考える日本史」というものを見ていくことにしましょう。暗記重視の日本史理解でしたら、「天慶二（九三九）年に平将門は関東で反乱を起こした」とか、「天慶二（九三九）年に関東で平将門の乱が起きた」とかこうした叙述だけでよいわけですが、これだけだと、なぜ平将門が関東で反乱を起こしたのかが見えてきません。

将門の乱と関東の結びつきは、前章や本章で説明してきたように、日本史には「西高東低」という法則があり、早くから発展した西国に比べると、東国＝関東は生産力も低く、後発地域とされてきました。朝廷からも遠く離れた地域であるため、その統治支配も行き届かず、ある種の無法地帯だったとも言えるわけです。すぐに朝廷の制圧化に置かれてしまう西国に比べて、東国＝関東は反乱を起こすのに適した条件があったと言えるでしょう。

また、関東には勢力規模としては将門に劣らない、多くの在地領主がいたにもかかわらず、どうして将門だけが関東八カ国を勢力下におき、わずかではあれ、関東の独立を宣言することができたのでしょうか。これも暗記中心の日本史教育からはなかなか見えてこないことです。

そこには将門の出自というものが大きな意味を持ってきます。つまり、この頃の平氏が一族全体でどのような階層をなしていたかということが重要になってきます。それは大きく分けて三つの層からなっていました。

まず、都で出世し都で暮らしていける貴族の平氏たちです。そして、その反対に都で食いっぱぐれてローカルに活動の場を求めた、でも下級貴族ではある平氏たち。最後に、すでに貴族とは呼べず、ローカルな各地域で土着の在地領主として生きている平氏たち。

そのなかで将門は二番目の都で食いっぱぐれてはいるけれども貴族には数えられる平氏に当たります。将門は一時期、上洛して摂関家出身の藤原忠平に仕えたとされています。もともとは下級貴族で都に活躍の場を求めていたわけです。しかし、これが「もう、京都はどうでもいい。地方で生きていこう」となると、将門が関東に下ったように、二番目の階層である平氏となる。そして都とも疎遠になってしまうと、三番目の階層、すなわち土地に根ざし、在地領主として生きる平氏になります。

先述した通り、後の鎌倉幕府を担っていた有力武士たちのほとんどが、この三番目の階層の平氏たちでした。のちに執権として鎌倉幕府の実権を握る北条氏も平氏です。

このように考えてみると、平将門という人物は、下級貴族でもあり、関東にやってきた在地領主でもあった。リーダーとして担ぐには、将門レベルの人じゃないとだめだったということになります。ある程度、都とのやりとりができる人物でなければ担がれないということになります。

これは、次章で紹介する鎌倉幕府の将軍権力についても同じことが言えるでしょう。北条氏がどんなに権力をもったとしても、将軍になることだけは躊躇して、執権というポジションのまま幕府を動かしていたのは、やはり北条氏は武士たちの本当の意味でのリーダー＝棟梁になるような家柄ではなかった、というのが影響していると推察できます。

平将門の失敗を考える

それではなぜ、平将門の乱は短期間で鎮圧され、失敗に終わってしまったのでしょうか。この平氏の階層性から考えると、下級の貴族であり、都ではこれ以上出世は望めず、関東に下り一旗揚げようと考えた人間は、将門ひとりではなかったということになると思います。そういう人間が将門ひとりだけだったら、そのまま彼が関東の王になるわけですが、将門に匹敵するような人物は将門を否定します。それが平貞盛であり、藤原秀郷だったわけです。

将門の失敗は、やはり事を急ぎすぎたということに尽きるでしょう。関東で独立を果たすには、もっとじっくりとした綿密な準備が必要です。しかし、将門には関東を独立させて新しい権力を打ち立てるほどのビジョンがなかった。その結果が新皇宣言であり、朝廷の統治体制の模倣というか、猿マネでした。結局、「俺は力が強いから独立するんだ」というような短絡的な反乱に過ぎなかったのです。

しかし、この関東で一旗揚げるという構想は、将門だけでなくのちの時代にまでずっと続いていきます。平安から鎌倉、室町へと至り、それは徳川家康の江戸幕府まで脈々とつながっていくのです。

源頼朝が朝廷の支配に不満を持っていた関東の武士たちの力を結集して、鎌倉幕府を立ち上げたとき、もちろん頼朝自身が優れた武士だったということもあったでしょう。その一方で、これは中世に限らず、現代においてもそうですが、クーデターを起こして権力の座についた新たな政権の正統性を、何が保証してくれるのかという問題が出てきます。

たとえば、現代のタイを見るとこれがよくわかります。すでに亡くなった先代の国王ラーマ九世、いわゆるプミポン国王は、非常に国民的な人気の高い国王でした。軍部がクーデターを起こすと、国王が出てきて軍部を抑えて、クーデターをやめさせたりしている。そういう王の権威、「王権」というものがまだ生きていたわけです。

あるいはイギリスの国王のように、イギリス国教会のトップであるカンタベリー大主教によって戴冠式が行われることで、神の恩寵を受けて国王としての正統性が認められる、ということもあります。

反対にナポレオン・ボナパルトの戴冠式ではローマ教皇から冠を授かるのではなく、自分で自分に冠を授けてしまった。要は「俺が偉いから王様なんだ」と言っているようなものです。その結果、ナポレオン自身はすぐに権力の座を追われてしまいます。違ったかたちで正統性を獲得していれば、ナポレオンによる帝政も違う展開があったかもしれません。

このように世界的に見ても、権力はさまざまなかたちで自らの正統性を追い求めようとします。

日本と近いところで言えば、中国の王朝の権力は、「天命」の在り方によって左右されました。中国では王朝が交代する際には、天命を受けたことが正統性を保証します。それ以前の王朝が腐敗し、悪行を働くと天から見放されます。すると、別の人物に天命が下り、これが旧王朝を打ち倒して、新たな王朝を築きます。この正統性を知らしめるために、新しい王朝は、前の王朝の歴史を編纂し、自分たちの王朝がいかにして天命を受けて、いかにして正統性を得たのかをきちんと叙述しておくのです。

ですから、中国の歴史は連綿と、次の王朝が前の王朝の歴史を叙述するというかたちで、現在も書き継がれているわけです。その意味で言えば、現在の王朝は前王朝とどのような関係にあったのか、ということが権力の正統性のためには重要になります。

つまり、新しい権力が生まれた際には既存の権力から認められるなど、うまく付き合わなければ、権力として認められないことが多いわけです。

そうでなければ、やはり将門のように新たな権力としては認められず、すぐに否定され、鎮圧されてしまいます。そして、これは関東で源頼朝が鎌倉幕府を開いた際にも全く同じことが言えるのだろうと思います。

関東の武士たちからすれば、税を課してくる朝廷の人間たちは邪魔な存在です。「西高東低」の法則からすれば、支配する側の西国の人間は東国＝関東の人間を低く見ているわけです。朝廷を中心とした西国に対する不満は高まっていました。そこで源氏の棟梁である源頼朝を、自分たち関東の武士の棟梁に打ち立て、「武士の、武士による、武士のための政権」を関東に樹立し、朝廷とは関わらずにやっていこうと考えた。

頼朝自身は、それを真っ向から否定はしなかった。その一方で、もともと都の出身である頼朝は、それだけではダメだとも考えていたと思います。それでは平将門の二の舞になってしまう。そこで、頼朝はあくまでも朝廷に認めてもらうことを重視して、朝廷との外交もきちんと行っていたのです。しかし、これが関東の武士たちの不満も買ってしまうことになります。

いかがでしたでしょうか。暗記中心の日本史では、おそらくこのような日本史における関東の位置付けが、古代から中世へと連綿とつながっていることに、なかなか考えが至らないのではないかと思います。重要なのは、暗記だけではなく、どうしてこのような出来事が起きたのか、その前提はなんだったのか、その結果、どんな影響がのちの時代にも起きたのかなど、歴史の文脈を考えてみることです。

そうすることで、暗記中心の日本史からは見えてこない、ダイナミックな歴史の動きというものが見えてきます。

次章では、平将門が切り開いた関東独立のための武士たちの戦いが、いったい、どのようなかたちで結実したのか、鎌倉幕府の成立とともに見ていきたいと思います。

第四章

日本史の定説を疑う

今現在、当たり前のように流通している「定説」が崩されることもあります。「定説を疑う」というのは、どうしてその説が支持されているのか、別の説ではなぜダメなのかを考えることにつながります。今ある定説を少し疑って、考え直してみるというのも、歴史を考え、楽しむことの一つだろうと思います。

（本文より）

変わる年号と歴史解釈

前章までは日本列島における関東の位置付け、そして武士の台頭とともに関東独立の歴史を見てきました。本章ではいよいよ、関東の武士たちが朝廷と対立しながら「武士の、武士による、武士のための政権」である鎌倉幕府を作る歴史を見ていきたいと思います。

ところで、皆さんは鎌倉幕府はいつ始まったのか、どのようにならったのか覚えていますか？　今の三十代くらいから上の年代の人であれば、「いい国作ろう鎌倉幕府」といった語呂合わせで、鎌倉幕府の成立年代を覚えたのではないかと思います。

この語呂合わせによれば、一一九二年が鎌倉幕府の成立とされます。これは源頼朝が朝廷から征夷大将軍に任ぜられた年、すなわち建久三（一一九二）年という年が根拠となっています。しかし、現在の日本史教科書ではどのように説明しているでしょうか。該当箇所を引用してみましょう。

「一一八五（文治元）年、平氏の滅亡後、頼朝の支配権の強大化を恐れた法皇（※引用者注：後白河上皇のこと）が義経に頼朝追悼を命じると、頼朝は軍勢を京都に送って法皇にせまり、諸国に守護を、荘園や公領には地頭を任命する権利や1段当たり5升の兵糧米を徴収する権利、さらに諸国の国衙の実権を握る在庁官人を支配する権利を獲得した。こうして東国を中心にした頼朝の支配権は、西国にもおよび、武家政権としての鎌倉幕府が成立した」山川出版社『詳説日本史B　改訂版』より）

いかがでしょうか。このように頼朝が征夷大将軍に任ぜられる以前に、幕府が成立していたと読めるような記述になっています。同じ教科書ではこの文章に続いて、次のように書かれています。

「その後、頼朝は（中略）、一一九二（建久三）年、後白河法皇の死後には、征夷大将軍に任ぜられた。こうして鎌倉幕府が成立してから滅亡するまでの時代を鎌倉時代と呼んでいる」（前掲同）

つまり、一一八五年説か一一九二年説か、そのどちらとも取れるような記述となっています。とはいえ最近の語呂合わせでは、「いい箱作ろう鎌倉幕府」というように、前者の一一八五年説を採用して教えることも多いようです。

一一九二年は源頼朝が征夷大将軍に任命された年であることは先述しましたが、一一八五年はどうでしょうか。この年は、頼朝によって諸国に守護が置かれ、全国の荘園に地頭が置かれたことで知られます。第三章で述べた通り、荘園には現地で直接管理を担っていた下司という役職がありましたが、この下司が地頭となり、将軍に仕える立場となりました。すなわち、朝廷は、武士が全国の土地を管理することを公認した、ということになります。

いずれも朝廷という権力が、武士という存在を認めたということに変わりはありませんが、今日の教科書では、一一九二年だけを強調するのではなく、一一八五年も重視しており、年号の語呂合わせが変わったことに関連すれば、むしろ一一八五年説が重視されているように思えます。

他方で、私はこれに加えて、一一八〇年という年も、武士たちにとって非常に重要だったのではないかと考えています。一一八〇年は、頼朝を棟梁とする武士たちが南関東を制圧し、鎌倉へと入った、いわば頼朝による政権の始まりの年なのです。朝廷に認められたわけでもない。自分たちで旗揚げをしたわけですが、この年をもって鎌倉幕府は産声を上げたとも言えるのではないでしょうか。

このように歴史というのは、その研究の進展や解釈次第でその姿を変えていきます。定説と思われていた歴史上の出来事であっても、いざ、実際に調べてみるとそこまで根拠のあることではなかった、なんていう場合もあります。前章まで述べてきた通り、そのとき、きちんと歴史を考えることが重要です。また、既存の歴史、既存の定説というものを疑ってみる目が必要になってきます。

本章では、前章から引き続いて、平将門の乱に始まる武士の台頭がどのように進展したのか、平氏の栄枯盛衰、源頼朝の蜂起から鎌倉幕府の成立と武士政権の確立について見ていくと同時に、定説を疑うことについて考えてみたいと思います。

保元の乱――武士政権への始まりの戦い

前章で紹介した平将門の乱が武士の台頭を告げる戦いであるならば、鎌倉幕府成立前夜に武士勢力がその存在感を示した戦いである保元の乱は、「武士の世」の始まりの戦いと言えるかもしれません。この保元の乱を通じて、武士の一族を率いる者、つまり「武家の棟梁」として、平氏と源氏という武士の一族の勢力が増していきます。

そもそも、保元の乱の発端となったのは、鳥羽上皇の崩御により生じた、天皇家・摂関家の実権争いです。崇徳《すとく》上皇と藤原頼長が反乱を起こすと、後白河天皇とその乳父であった信西《しんぜい》（藤原通憲《みちのり》）が、平清盛や源頼朝の父・源義朝らを動員し制圧したのです。弘仁元（八一〇）年に起こった薬子の変以来、政治に武力行使を持ち込まないという平安の伝統を破り、朝廷内の権力闘争が、武士の政治介入を招きました。この薬子の変で藤原仲成が処刑されて以来、死罪も途絶えていましたが、保元の乱では復活しています。それでは、この武士勢力が政治対立に大きな意味を持った保元の乱はどのように推移したのか、見ていきましょう。

鳥羽天皇の第一皇子であった崇徳は、保安四（一一二三）年、鳥羽の譲位により、天皇に即位しました。これは治天の君として巨大な権勢を振るった鳥羽の祖父・白河上皇の意向でした。鎌倉時代初頭に成立したとされる説話集『古事談』によれば、崇徳は白河上皇と鳥羽の中宮である待賢門院《たいけんもんいん》璋子《しょうし》の密通により生まれたとされています。いわば鳥羽にとって崇徳は叔父にあたるのです。そのため、鳥羽は崇徳のことを「叔父子《おじご》」と呼んで、疎んだとされます。

大治四（一一二九）年に白河上皇が崩御し、鳥羽上皇による院政が始まります。鳥羽上皇は美福門院《びふくもんいん》得子との間に生まれた体仁《なりひと》親王を寵愛し、崇徳天皇に譲位を迫って、体仁親王を近衛天皇として即位させました。しかし、この近衛天皇はわずか一七歳で亡くなってしまいます。近衛天皇には皇子がいなかったため、崇徳が美福門院の養子とした第一皇子・重仁親王が最有力候補となりました。

ところが即位したのは重仁親王ではなく、崇徳上皇の弟・雅仁親王、つまり後白河天皇だったのです。こうして、皇位継承を巡り、崇徳上皇は鳥羽上皇への反発を強めていきました。

他方、藤原摂関家でも家督を巡る争いが巻き起こります。摂関家当主・藤原忠通は後継に恵まれず、弟の藤原頼長を養子にし、後継者としていました。しかし、その後、忠通に実子が生まれると、よくある話ですが、我が子可愛さに後継者とした頼長を冷遇し始めます。摂関家は代々、天皇家に女子を嫁がせることによって権力を手中に収めてきました。頼長もまた養女の入内を画策しますが、これを妨害するように忠通は自分の養女を推挙し、対立を深めていったのです。これに激怒したのが、忠通・頼長の父である藤原忠実でした。こうして忠実は忠通を勘当してしまいます。その一方で、忠通は養女入内工作の際に美福門院に接近し、彼女の信任を得ていました。

保元元（一一五六）年七月、鳥羽上皇が没し、いよいよ崇徳上皇と後白河天皇の対立は表面化していきます。後白河は平清盛の次男である平基盛や平惟繁、源義康らを召集します。また、後白河の側近・信西は、鳥羽が危篤状態のうちに源義朝らに後白河の臨時の内裏である高松殿や鳥羽の御所である鳥羽殿の警備を命じています。

当時の公家の日記には、鳥羽の崩御後、崇徳が挙兵に及ぶという噂も記されており、鳥羽・後白河によって失脚することとなった崇徳が武力をもってクーデターを画策していたことが窺えます。

このように後白河天皇は崇徳上皇の蜂起に対して早くから軍備を整えていました。源氏・平氏ともに一番の武将である平清盛、源義朝といった強力な軍勢を結集させていたのです。これは側近である信西の手腕によるところが大きかったと推測できます。

対して、崇徳天皇の決起に集まった武士たちは、平氏からは清盛の叔父・平忠正や平家弘、源氏からは義朝の父・源為義、その四男・源頼賢、八男・源為朝らでした。

武士団を束ね、朝廷や貴族の私兵として使えた平氏と源氏のうち、そのボスである武家の棟梁は、平清盛と源義朝です。その二人を押さえた後白河天皇と、残りのほかの武士勢力しか集めることができなかった崇徳上皇とでは、戦力の差は歴然でした。

保元元（一一五六）年七月一一日深夜、平清盛の軍勢三〇〇騎が二条大路から、源頼朝軍二〇〇騎は大炊御門大路から、源義康軍一〇〇騎は近衛大路からそれぞれ白河北殿へと進軍を開始。夜明け頃には攻撃が始まり、隣接する藤原家成の邸宅は焼かれ、白川北殿に火が移り、崇徳上皇や藤原頼長らはたちまちに敗走し、勝敗は決しました。頼長は敗走中に矢が当たり絶命、崇徳は捕らえられ讃岐へと配流となり、復権も叶わないまま彼の地で亡くなりました。そして、崇徳側についた源為義以下の武士たちは皆、死罪となります。先述したように、平安時代初頭に起きた薬子の変以来、約三〇〇年ぶりとなる死刑の執行だったのです。

平治の乱——平氏の栄華

保元の乱で活躍した平氏と源氏の両者が衝突したのが、平治元（一一五九）年に起きた平治の乱でした。

保元の乱以降、後白河天皇は譲位し、守仁親王が即位して二条天皇となると、後白河上皇による院政が始まります。後白河上皇自身は政治に関心を持たなかったようで、実権は側近の信西が握り、朝廷の立て直しのために手腕を振るいます。これに反発したのが、藤原信頼や源義朝らでした。

保元の乱において先陣を切り、最大の軍功を立てたはずの源義朝は、それにもかかわらず信西が主導した論功行賞ではわずかな恩賞しか得られなかったとされています。対して平清盛をはじめとする平氏は、清盛は播磨守、弟・経盛は安芸守、頼盛は常陸介に任ぜられていました。

　また、義朝は崇徳上皇側についた父・源為義の助命を嘆願したものの、信西はそれを許しませんでした。結局、義朝は自らの手で父を処刑せざるを得ませんでした。慈円の『愚管抄』などには、これらの怨恨もあって義朝は、信西を排し実権を握りたい藤原信頼と手を組み、挙兵に及んだとしています。

　藤原信頼、源義朝が兵を挙げたのは、平治元（一一五九）年一二月、平清盛が熊野詣に出立し、都に不在となったタイミングでした。後白河上皇の御所・三条殿が襲撃され、後白河と二条天皇は捕らえられ、内裏で幽閉されてしまいます。義朝の軍勢はさらに信西の父子の屋敷を襲いました。逃亡した信西はしかし、追い詰められ自害、自身の遺体を埋めさせましたが、その後、掘り起こされ、晒し首にされました。

　こうして政治的実権を握った藤原信頼は、官職の任命を行い、義朝は保元の乱後に就任した従四位下播磨守に、息子の源頼朝は従五位右兵衛権佐に任じられています。源氏と平氏はその後の治承・寿永の乱が源平の合戦と称せられるように、あたかも拮抗する勢力による戦いと思われがちです。ところが、清盛の不在のときを狙うなど、ある種の奇襲に出なければ、源氏は緒戦に勝利することができませんでした。その意味では、この時代の源平は、平氏の勢力のほうが圧倒的に上だったのです。つまり、信頼や義朝の反乱は一か八かのクーデターだったと言えるでしょう。にもかかわらず、義朝が任ぜられたのは、征夷大将軍や近衛大将などではなく、国司に過ぎない播磨守でした。義朝はよほど、保元の乱の論功行賞で、清盛が播磨守に任命されたことが羨ましかったのだとしか思えません。

つまり、義朝も信頼も地位を奪い取りたかったに過ぎないのです。信西らの政治のあり様を変革させる具体的なビジョンを持ち合わせていなかったと言えます。

そのため、熊野から帰還した清盛らが二条天皇を救出すると、信頼・義朝討伐の宣旨が下り、たちまち制圧されています。藤原信頼は捕らえられ斬首に、源義朝は東国に逃れて再起を図ろうとしましたが、尾張の内海で殺害されました。

義朝の長男・義平、次男・朝長は落命しましたが、三男の頼朝は清盛の継母・池禅尼の嘆願などもあり、命ばかりは取られることなく、伊豆へと配流となりました。本書で先述してきたように関東は西国の都から遠く離れた辺境の地です。伊豆まで流してしまえば、もう政治的な復権は望めず、ほとんど命を奪ったようなものだったのです。

こうして決定的な勝利を得た平清盛は、後白河上皇との協調体制を強め、武士でありながら中央の貴族として昇進を遂げ、仁安二（一一六七）年には、従二位太政大臣に任命されました。承安元（一一七一）年には、娘・徳子が高倉天皇に入内するなど、清盛と平氏一門は栄華を極めていったのです。しかし、元来は武士である平氏一門の急速な興隆に対して、次第に後白河上皇の側近たちの反感を買うようになっていきました。

治承・寿永の乱――源平の天下分け目の戦い

安元二（一一七六）年、清盛の正室・時子の妹で、後白河上皇が寵愛した建春門院滋子が亡くなります。後白河と清盛の間を取り持つ重要な存在だった滋子の逝去に、やがて両者の対立が表面化することとなります。

安元三（一一七七）年六月、後白河上皇の側近らによる平清盛と平氏一門の討伐計画が明るみに出て、清盛らは陰謀に加わった貴族たちを捕らえると処罰しました。いわゆる有名な「鹿ヶ谷の陰謀」です。

また、後白河上皇自身もまた平氏一門の所領の召し上げなど露骨な圧力を強めたため、ついに平清盛は武力蜂起し、京の都を占領。後白河を鳥羽殿に幽閉し、後白河院政を停止させました。いわゆる「治承三年の政変」と呼ばれる、清盛による軍事クーデターでした。

その後、清盛は娘・徳子が入内していた高倉天皇を譲位させ、高倉院政を開始し、得子が生んだ皇子を安徳天皇として即位させます。こうして、平清盛は上皇・天皇の外戚としての地位を得ると、まさに平氏政権と呼ぶべき権力を確立しました。

清盛と平氏一門の権勢に対して抵抗の意を示したのは、後鳥羽上皇の第三皇子である以仁王です。治承四（一一八〇）年四月、以仁王は平清盛と平氏討伐を呼びかける令旨を発します。これに呼応して、各地の武士たちが決起、同月二七日には、伊豆に配流となっていた源頼朝のもとにも以仁王の令旨がもたらされました。

この以仁王の令旨に始まる治承・寿永の乱が、いわゆる平氏と源氏の雌雄が決した源平の合戦です。

先にも述べたように、都から遠く離れた辺境の地である関東の武士たちにとって、この源平の合戦は自らの独立を賭けた戦いでした。武士の一門である平氏は貴族とのつながりを強め、西の朝廷の権力のなかで勢力を増したため、清盛の政権は武士政権とは普通は呼ばれません。関東の武士たちは源頼朝を棟梁とし、自分たちの土地の安堵をしてもらいました。その代わりに武士たちは戦の際には身をなげうって棟梁や他の武士のために戦ったのです。これがいわゆる御恩と奉公の関係です。このように頼朝と主従の関係で結ばれた武士たちは、御家人と呼ばれました。これこそが「武士の、武士による、武士のための政権」です。

さて、以仁王の挙兵自体は、兵力の上で圧倒的な数を誇る平氏の軍勢によって鎮圧されてしまいます。以仁王の敗北を知った頼朝はしかし、北条時政を頼りとし、三浦義澄、和田義盛といった南関東の武士たちと連絡を取って平氏追討に向けた兵を挙げました。治承四（一一八〇）年八月のことでした。

山木氏との初戦には勝利したものの、大庭氏・伊東氏の軍勢と戦った石橋山の戦いでは大敗を喫します。辛くも戦場から逃げ延びた頼朝は、海から房総半島へ渡り、再起をはかりました。千葉常胤や上総広常といった房総半島の有力武士たちを味方につけ、武蔵国へと入り、石橋山の戦いでは敵対した川越重頼、畠山重忠といった勢力を従えて、相模国へと舞い戻ったのです。同年一〇月六日、源氏の先祖である源頼義以来の根拠地である鎌倉入りを果たしました。

頼朝の決起、鎌倉入りに対して平清盛は追討軍を派遣し、同月二〇日には駿河国で交戦となりました。いわゆる富士川の戦いの勃発です。この戦いで頼朝は、石橋山の戦いで大敗を喫した大庭景親や伊東祐親ら駿河の平氏勢を退け、快勝します。

京へと敗走する平氏を追って上洛を試みた頼朝でしたが、これに反対したのが三浦義澄や千葉常胤、上総広常といった関東の武士たちでした。

関東の武士たちが目指したのは、あくまでも自分たちの土地の安堵であり、京の朝廷を中心とする西国の影響からの独立です。鎌倉入りを果たしたとはいえ、関東にはまだ平氏に与する武士たちの脅威がありました。まずは関東をしっかりと治めることが肝要だと、有力御家人らは頼朝に諫言したのでした。

頼朝は元来、京で育った人間です。西国の豊かさもよく知っています。このまま上洛し平清盛と平氏に成り代わって、朝廷を中心とする政治体制から利得を手にする選択肢もあったでしょう。しかし、頼朝は京へは行かない決断をしました。鎌倉に、武士の、武士による、武士のための政権を確立する道を選んだのです。

こうして頼朝は、鎌倉への帰途、相模国府で論功行賞を行い、本領安堵と新恩給与を行いました。先ほど述べた通り、ここに武士の棟梁と御家人の間に、御恩と奉公に基づく主従関係が確立したのでした。

本書の冒頭でも説明した通り、この一一八〇年に頼朝たちが鎌倉入りを果たした時点で、その権力は成立していたとするならば、鎌倉幕府の成立はこのときだったと考えられます。

その後、鎌倉に留まった頼朝は、関東八カ国を平定し、東国での勢力範囲を確立していきます。治承五年閏二月、熱病により平清盛が没すると、後白河上皇が実権を取り戻し、院政が再開されました。当然、後白河は自らを蔑ろにした平氏の討伐を推し進めました。

木曾義仲らが平氏追討に動き出すなか、頼朝はあくまでも鎌倉を動きませんでした。後白河上皇は、頼朝よりも先に京へと入った木曾義仲に平氏を討たせましたが、やがて義仲と政治的に対立するようになり、今度は義仲自身を頼朝に討たせようとします。後白河の命にようやく重い腰を上げた頼朝は、義仲を滅しました。

源平天下分け目の戦いとも言うべき一ノ谷の戦い、そして壇ノ浦の戦いを経て、平氏一門は安徳天皇と神器とともに海の藻屑と消え、滅亡しました。

文治元（一一八五）年、頼朝の力が増大することを恐れた後白河上皇は、頼朝の弟・源義経に頼朝追討を命じます。しかし、頼朝は軍勢を京都に送り、頼朝追討を取り下げさせ、逆に義経の探索・追討などを名目に諸国に守護を、荘園や公領には地頭を置き、それらを任命する権利や税を徴収する権利、諸国の国衙の実権を握る在庁官人を支配する権利を認めさせたのです。こうして東国だけでなく西国にも頼朝の支配権が及ぶこととなりました。

現在の日本史教科書などで鎌倉幕府成立一一八五年説が定説となっているのは、この一一八五年の守護・地頭を頼朝が掌握し、東西にその影響力を広げたことが根拠になっていいます。

建久元（一一九〇）年一一月、頼朝は伊豆に配流となって以来、初めて上洛し、後白河上皇と会談します。その二年後、後白河は没し、頼朝はついに征夷大将軍に任ぜられました。

先述したように、一一八五年説と一一九〇年説のいずれもが朝廷から何らかの承認やお墨付きを得ています。他方、頼朝たちが挙兵し鎌倉入りを果たした一一八〇年説は、東国に朝廷の影響から脱した別の政治主体が誕生したことを意味すると言えるでしょう。

ここには中世日本の国家に対する考え方、つまり権門体制論と東国国家論という二つの説が関わってきます。詳細は次章に譲りたいと思いますが、権門体制論は天皇という権力を公家（貴族）、武家（武士）、寺家（僧）が支えるという体制を言います。反対に東国国家論は、西国の天皇を中心とする政権とは別に、東国には別の政権があったとする説です。権門体制論によれば、あくまでも最も偉いのは天皇です。天皇から何らかの承認を得たり、お墨付きを与えられたりすることで権力が保証されるとするならば、一一八五年説や一一九二年説はこの範疇に入ることになるでしょう。逆に、東国国家論によれば、頼朝が鎌倉入りして朝廷の影響から脱した武士の、武士による、武士のための政権を確立した一一八〇年が注目されます。実は、この鎌倉幕府成立の年号の違いは、権門体制論、東国国家論のいずれの立場を取るかで変わってくるのです。日本中世において国家のような政治権力の体制はどうなっていたのか、どんな国家観を持つかで、鎌倉幕府の成立年代は変わってきます。ただ、年号を語呂合わせで暗記するだけでは見えてこない、歴史の「読み方」と言えるでしょう。

武士の、武士による、武士のための政権

前節で述べたように源頼朝は、関東に独立した武士の政権を確立するために、京へとみだりに近づくことを自ら禁じていました。伊豆配流となり、挙兵から鎌倉入りして以降、亡くなるまで上洛したのはわずか二回でした。一回目は先に上げたように源平の合戦で平氏を追討したのち、建久元（一一九〇）年一一月に上洛し後白河上皇と会談しています。二回目は、建久六（一一九五）年三月、東大寺大仏殿の再建供養への参列のため、正室の北条政子とともに上洛しています。このとき、長女・大姫の入内工作を行い、天皇家との関係を深めようと画策しました。

しかし、鎌倉幕府はあくまでも武士の、武士による、武士のための政権です。朝廷を中

心とする西国の影響からは独立することを目的として作られました。にもかかわらず、頼朝は大姫の入内を通じて、あくまでも天皇家や朝廷との結びつきを強めることを画策しています。ここに頼朝と、関東の武士＝御家人たちとの認識の違いがあったのだと思います。

関東の武士たちはなるべく朝廷からは離れたい。他方、本章の冒頭で述べたように、新しい権力は古い権力に承認されることでその正統性を得ます。実際に頼朝自身も、平氏を討つ際はあくまでも後白河上皇の命に応じて兵を挙げています。元を辿れば、配流後の伊豆での挙兵も、以仁親王の令旨に呼応しての挙兵でした。このように、頼朝は朝廷と外交を通じてうまく付き合い、関東での独立を保ってきたと言えるでしょう。しかし、それはあくまでも独立を目指す関東の武士とは立場を異にします。関東の武士を気遣ってわずか二回しか上洛しなかった頼朝でしたが、それでも武士たちの不信につながったのでした。

頼朝の死後、鎌倉幕府内での権力争いが巻き起こる最中で、二代将軍・源頼家、三代将軍・源実朝は、いずれも暗殺されています。特に三代将軍・実朝は和歌や蹴鞠に熱中し、後鳥羽上皇の働きかけで藤原定家に和歌の添削指導を受けるなど、朝廷との結びつきを強めていました。さらに後鳥羽上皇の近臣である権大納言・坊門信清の娘を正室に迎えています。あまりに朝廷に近づきすぎてしまった実朝の暗殺は、二代将軍・頼家の息子・公暁が実行犯でしたが、それは鎌倉幕府の御家人たちの総意だったとも言えるでしょう。実際に、公暁は御家人の三浦勢によって討たれますが、幕府側は公暁の背後関係については一切調査を行っていないのです。御家人たちの間に暗黙の了解があったのかもしれません。

初代の頼朝から続いた源氏将軍家は三代で途絶え、その後は北条氏が幕府の実権を握るようになりました。

承久の乱――武士の世が始まる日本史のターニングポイント

父・北条時政を排し、有力御家人との権力闘争に打ち勝った北条義時は、名実ともに武士たちの「王」となりました。父・時政のように「源氏の棟梁」という権威を必要とせず、自らの実力で他の御家人を制することができるようになったのです。

こうした東国武士による幕府勢力の拡大に対して、大きな脅威となったのが、文武に秀でた後鳥羽上皇の存在でした。豊富な荘園経営によって確かな経済基盤を確立していた後鳥羽上皇は、西面の武士と呼ばれる独自の武士集団を組織し、軍事力の更なる増強を図ったのです。

また、後鳥羽上皇と結びつきを強めていた実朝の暗殺によって、朝廷と幕府の対立はますます緊張を高めていき、ついに承久三（一二二一）年五月一五日、朝廷は北条義時追討の命令を出しました。

北条義時を討つという命令は、義時個人を討てということではありません。それは、鎌倉幕府の打倒を意味しています。こうして、朝廷と幕府の全面対決となりました。いわゆる承久の乱の勃発です。義時追討（鎌倉幕府打倒）の命令が出されると、幕府側は早くも同年五月二二～二五日にかけて、軍勢を三つに分けて、京へと進軍を開始します。『吾妻鏡』が伝えるところでは、主力部隊の東海道方面軍は一〇万、東山道は五万、北陸道は四万、合計で一九万の軍勢が動員されたとしていますが、さすがにいくら何でもこれは誇張でしょう。詳細は後述しますが、おそらく多くとも幕府軍は一万程度だったと考えられます。これでもこの時代には大変な数です。対する朝廷軍はというと、五月一五日の鳥羽離宮での決起に集まった軍勢は一七〇〇程度だったとされます。おそらくこれが実数に近いのではないかと思われます。

幕府と朝廷が全面的に対決した承久の乱ですが、わずかひと月のうちに、幕府側の勝利によって幕を閉じました。六月一四日には京の防衛ラインである宇治川の戦いに勝利した幕府軍は六波羅入りを果たし、後鳥羽上皇は使者を送ってほぼ全面降伏とも取れる院宣を伝えました。後鳥羽上皇はその後、出家し、隠岐へと配流となります。その後、幕府は、後鳥羽上皇の嫡流を排して、後鳥羽上皇の兄・守貞親王の子を後堀河天皇として即位させました。以後、幕府が天皇を決める時代となります。それはつまり、ヤマト政権以来、朝廷を中心として展開してきた日本の政治は、この承久の乱を境に、明治維新に至るまでの約六五〇年にわたって、武士が司るようになったのです。日本史最大のターニングポイントと言っても過言ではありません。

承久の乱の動員数は本当に一九万だったのか⁉

少々、駆け足で保元の乱、平治の乱、治承・寿永の乱、そして承久の乱まで見てきました。これらの乱の過程で、関東の武士たちは独立を果たし、武士の、武士による、武士のための政権である鎌倉幕府を確立します。こうして、その後、幕末・明治維新まで続く武士の世が始まるのです。

ここで考えたいのは、これらの乱に動員された武士たちの数です。保元の乱に際して、平清盛は三〇〇騎、源義朝は二〇〇騎の兵を動員したと先述しました。これらは当時の貴族の日記に記された記録に基づくため、史料的には信頼できる数字です。

しかし、その後の承久の乱になると、鎌倉幕府の歴史を編纂した『吾妻鏡』には幕府軍一九万の兵を動員したとあります。その間、わずか六五年のうちにこうも動員数が増大することは考えづらいでしょう。明らかに『吾妻鏡』の数字はおかしい。

逆に保元の乱のときの数が少なすぎるということもあるのでしょうか。かつてある研究者は「平清盛三〇〇騎」の「三〇〇騎」というところに注目しました。三〇〇騎というからには、それは馬に乗っている騎兵を指している。その騎兵には必ずそれを世話する歩兵がいたに違いないと考えたのです。つまり馬一頭につき三～四人はいたと考えるなら、「平清盛三〇〇騎」は、実際には一二〇〇人くらいは動員されたのではないかといえます。

しかし、当時の戦の仕方を考えると、馬に乗っている武士の一騎打ちが普通です。お互いに名乗り合ってから、一騎打ちで雌雄を決する。戦国時代のような集団戦はまだこの頃はありませんでした。

また、治承・寿永の乱における壇ノ浦の戦いでは船上での戦となりました。その際、船を操る水主や舵取がもちろん、必要になります。水上での戦は、平氏のほうに分がありました。そこで、源義経は「水主、舵取を討て」と命令を下したとされます。当時の戦場でのルールとしてはこれはご法度です。非戦闘員を戦場で殺すことはルール違反だったのです。義経はそれをあえてやったことで、平氏を滅亡まで追い込みました。

このように戦場にルールがあることが常だった時代、その掟を破ってしまえば、たとえ勝ったとしてもその他の武士たちからは認められなかったのです。むしろ「アイツは汚いやつだ」とか「あいつは卑怯だ」と罵りの対象になってしまう。だからこそ、武士たちは一定のルールに則って戦をしました。だからこそ、義経は源平の合戦での活躍にもかかわらず、大した恩賞には与かれず、兄・頼朝と対立した際に義経に付き従う武士は一人もいなかったのです。

このような当時の戦のルールから考えると、馬を世話する歩兵は水主、舵取のような非戦闘員にすぎなくなります。ですから、三〇〇騎というのは兵隊三〇〇人のことで、やはり清盛が当時動員できたのは三〇〇人だったと考えるのが妥当でしょう。

この数字が正しいならば、当時の有力な武士が動員できるのは大体三〇〇人がよいところと言えます。この数字を基本に考えると、たとえば以仁王の令旨に呼応して、源頼朝が一か八かの挙兵に及んだ際、北条時政はかき集められるだけ兵をかき集めてもわずか五〇〜六〇人だったとされるのもうなずけます。北条氏の運命をも左右する決死の戦いに兵を出し渋ることは考え難いですから、本当にこれが限界の数だったのでしょう。そうなると、この頃の北条氏はそこまで大きな勢力ではなかったと考えられます。

また、承久の乱の際に幕府軍一九万という数字はあまりにも誇張された数字だということもわかります。のちに幕府軍が京入りした際、全軍を二手に分けています。その際、北条泰時が率いた軍勢は「勇者五千騎」と記されており、これを単純に二倍すれば、一万騎となりますから、実際の幕府軍は多くとも一万騎くらいというのがいいところでしょう。

歴史を考えるということは、このように史料にあることをそのまま鵜呑みにするのではなく、「三〇〇騎という数字には、さらに馬の世話をするはずの歩兵が四人ついていたと考えられるから、実際の数字は四倍になる」とか、「いや、当時の戦のルールは一騎打ちだから、馬の世話役はあくまでも非戦闘員だ。三〇〇騎はそのまま三〇〇人という兵数とイコールである」など、このように意見を戦い合わせて、さまざまな解釈を交えながら議論し、検討することです。ときには治承・寿永の乱での頼朝挙兵の際の兵数や、承久の乱での幕府軍の動員数と比べてみながら、実際の史実を確定していくのです。

歴史を考える、歴史を楽しむということは、ただ史料に出てくることを暗記することではありません。このようにさまざまな解釈を突き合わせて議論しながら、考えること。それ自体が、歴史を楽しむことに通じるのではないでしょうか。こうした議論には、先ほども述べた通り、鎌倉幕府の成立年代はいつか、という問いも含みます。場合によって、今現在、当たり前のように流通している「定説」が崩されることもあります。「定説を疑う」というのは、どうしてその説が支持されているのか、別の説ではなぜダメなのかを考えることにつながります。今ある定説を少し疑って、考え直してみるというのも、歴史を考え、楽しむことの一つだろうと思います。

次節から少し、具体的な日本史の話から少し、趣を変えて、歴史の「定説」について考えてみたいと思います。

北里柴三郎と森鷗外の対立にみる学閥の存在

本章の冒頭で見たように教科書の内容も学問の進展とともに変わっているわけですが、戦前と戦後では、皇国史観から唯物史観へとガラッと変わったように、歴史とイデオロギー、歴史と政治の関係は、時代によってその結びつき方を変えていきます。そんなとき、必ずしも専門家が正しいかというとそうではありません。

専門の研究者たちも人間です。そこには専門家集団があり、集団になればそこに政治的な対立も生まれてきます。いわゆる学閥というものです。

その一つの例として、少し本書の歴史の流れから脱線しますが、明治の文豪・森鴎外と新千円札の肖像に選ばれた細菌学の父・北里柴三郎の対立というものを取り上げてみたいと思います。

北里柴三郎は現在の東京大学医学部にあたる東京医学校を卒業後、内務省衛生局に入局したのち、ドイツに留学して当時の細菌学の第一人者であったローベルト・コッホに師事し研究に打ち込みました。明治二二（一八八九）年には破傷風菌の純粋培養に成功、免疫抗体の発見を通じて、血清療法を確立した、ヨーロッパ各国から引く手あまたの優秀な医師・研究者でした。

しかし、北里には「自分は日本人である」という思いもあったのでしょう、研究成果を日本のために役立てたいと律儀に帰国しています。

日本では、当時、脚気という病気についてさまざまな説が唱えられていましたが、有力だったのが、東京帝大の教授であった緒方正規が唱えた脚気病原菌説でした。つまり脚気は病原菌によって引き起こされるというものです。この緒方正規という人は衛生局では北里の上司にあたる人物でした。

ドイツ留学中の北里は、脚気菌などは存在しない、脚気の原因は病原菌ではないと、緒方の見解を批判しました。実際に脚気はビタミンB_1の欠乏によって起こる病気です。現代医療からすれば、北里のほうが正しいのがわかるのですが、帝大つまり東大の人間たちからは「この恩知らず！」と批判されてしまった。

そこには歴然として、東大閥という学閥の影響力が存在したのです。

東大総長の加藤弘之は「師弟の道を解せざる者」と北里を非難しました。この東大閥に属していたのが、森鷗外で、やはり北里に対して「識ヲ重ンセントスル余リニ果テハ情ヲ忘レシノミ」と酷評しています。対して北里は「情を忘れたるものに非ず。私情を制したるものなり」と反論しましたが、その結果、帰国後に北里を受け入れる研究所はありませんでした。

そこで、「いや、おまえほどの才能が埋もれるのは惜しい」と手を差し伸べたのが福沢諭吉でした。福沢のさまざまな支援の結果、明治二五（一八九二）年には私立伝染病研究所が創立され、北里は初代所長に就任しました。のちに同研究所は国立の研究所となり、また北里は、のちに北里大学の母体となる北里研究所を創設することになります。

ですから、そこには帝大閥と福沢諭吉の慶応閥との対立のようなものが存在したと言ってもいいでしょう。

明治二七（一八九四）年五月、香港で蔓延したペストの調査に北里は派遣されます。現地調査を通じて、原因菌であるペスト菌を共同で発見しています。世界的にこれは非常に大きな業績です。ノーベル賞級の発見と言っても過言ではありません。

ところが、東大閥の森鷗外は「北里がペスト菌なるものを見つけたと言うがそんなのは大嘘だ」と批判しました。森鷗外は北里柴三郎の足を引っ張るようなケチをつけたわけですが、その背景には、やはり東大という学閥の権威が大きかったのではないでしょうか。

少し脱線しますが、脚気は森鷗外にとって大きな因縁があります。

江戸時代、玄米食から白米食に変わるにつれて、徐々に脚気が広がっていきます。脚気は、ビタミンB_1の欠乏によって引き起こされますが、本来、玄米には胚芽にビタミンB_1が豊富に含まれています。しかし、白米食が普及すると精米の過程で胚芽が取り除かれてしまい、結果、ビタミンB_1が不足しがちになったのです。当時は原因不明の病とされました。

明治時代に入ってから脚気はさらに流行拡大し、年間一万〜三万人が亡くなったとされています。軍隊内でも脚気の流行拡大が問題視されていました。

陸軍軍医だった鷗外は、東大閥ですから脚気については緒方正規の脚気菌病原説の立場をとります。これに対して海軍軍医だった高木兼寛は、脚気の原因が食べ物、とりわけ白米食にあることを見抜いていました。イギリスへの留学経験があり、イギリス海軍では脚気はないことから食習慣に原因があると考えたのです。

高木は麦飯を推奨しましたが、鴎外は対抗するように細菌説に固執し、むしろ白米食を奨励したのです。その結果、日清・日露戦争では陸軍兵の多くが脚気で死亡したのに対し、海軍兵はほとんど脚気の被害はありませんでした。

このように考えると、科学的かどうか、実証的かどうか、学問的に正しいかどうか、という判断とは別に、専門家集団間すなわち学閥での対立が学問の傾向を決めることもあるということです。

皇国史観と唯物史観

それでは今の歴史学界についてはどうかというと、北里柴三郎や森鴎外の時代ほど露骨ではありませんが、正直に言えばこうした学閥のつながりや対立というものは残っていると言えるでしょう。特に学問で身を立てていくというのは大変なことですから、就職の際の人事権を持っている教授たちとの関係を考えると、どうしても学閥のようなかたちをとってしまいがちだとは思います。学者といえども人間ですから、目上の専門家たちの学説に対する忖度なども少なからず生まれてきてしまうのかもしれません。そうした忖度のなかで、定説などが形作られ、あるいは変更されていくということもしばしばです。

その意味では、歴史観というのも時代とともに変遷してきました。とりわけ日本においては、学閥のトップの人間たちが歴史観というものを作ってきたとも言えるでしょう。

特に日本史における歴史観は、皇国史観と唯物史観の二つが挙げられます。それはいずれも時代と深く結びついたものです。

皇国史観を先導したのは中世史を専門とする東大の歴史学者・平泉澄《きよし》でしたが、もちろん平泉ひとりが独力で作り上げたものではありません。平泉より前には、政治や軍部の中枢につながりの深い黒板勝美のような歴史学者もいました。料亭で「黒板勝美」と揮毫するとそれが会計の代わりになった、などというような逸話が残る「最後の先生」とも言われるような人物です。時の政治権力と強く結びついていればそのぶん研究費にも大きな予算がつくことになる。また、皇国史観には研究者だけでなく、官僚たちも関わり、天皇の系譜である皇統譜が公に制定されたのです。こうして国のエリートたちのなかで醸成された皇国史観は、恐ろしいことに軍部との関わりのなかで、日本人一般に広がり、戦意高揚のために利用されていきます。小さい頃に学校でそうした教育を受けた人たちは、「日本は神の国だから、最後の最後には神風が吹く。日本は絶対負けない」と刷り込まれていきます。

戦争を経験された方、現在では大体八〇歳を過ぎた方々にお会いする機会があると、私は当時の話をなるべくお聞きするようにしています。八〇を過ぎた方々でしたら、当時は小学校低学年くらいです。戦時中のこともはっきりと覚えている方が多い。「その当時、日本は戦争に負けると思っていましたか?」と尋ねると、「全然、思わなかった。必ず神風が吹いて、日本が勝つんだと思っていた」と答えてくれた方が多くいらっしゃいました。

それを聞いて、私は「ああ、教育って怖いなあ」と心底、考えさせられました。

その後、終戦を迎え、当然ながら戦時中の天皇を中心とした歴史である皇国史観は否定されました。その後、教科書には墨が塗られて、三〇〇〇万人もの国民の犠牲を強いる社会ではだめだと一気に改革が進んでいきます。右に大きく振れた針は、今度は反対に大きく左へと振れたのです。これによって、唯物史観というものが隆盛を迎えることになりました。

カール・マルクスやフリードリヒ・エンゲルスが唱えた社会観・歴史観に影響された唯物史観は、社会を上部構造と下部構造に分け、政治や文化、宗教などの上部構造は、経済的な生産構造である下部構造によって規定される、ということを基礎に置く歴史観です。

第二次世界大戦後、世界は資本主義・自由主義陣営である西側諸国と、共産主義・社会主義陣営である東側諸国に分かれて、東西冷戦体制へと突入しますが、特に日本では戦時中の反動から、知的エリートは「左」でなくてはならないという常識がありました。

特に日米安保闘争や東大安田講堂事件などに代表されるように、学生運動の季節でもありました。私が大学に入学した頃にも、学生運動は続いており、壁には「造反有理」などといった言葉が書かれ、大学構内には抗議文を書いた立て看板が並んでいました。セクト間の闘争もまだ激しく、反共団体が構内に入ってきたら構内放送で「心ある人は戦ってください！」なんて呼びかけていたような時代です。

私が師事した中世史研究者の石井進先生という人は、特に唯物史観を奉じたりした人物ではありません。多少の誇張もあるかと思いますが、終戦後の日本史の研究室では政治参加の雰囲気があり、寺山修司の詩集『書を捨てよ、街へ出よ』ではありませんが、研究室にいないでみんな、路上へ出てデモに参加し、石を投げていた。そんななかで、石井先生はひとり歴史の勉強をしていた、なんていう逸話のある人でした。とはいえ、政治や社会のことに関心がなかったかというと、それはまったく違うと思います。東大の史料編纂所から國學院大学に移られた千々和到先生があるとき、何かの拍子で「本当のリベラルは石井進だよね」とおっしゃられたことがありました。私にとってはとても感動的な言葉なのですが、石井先生だけは研究室に腰を据えて動かなかった。ずっと勉強をしていた。勉強をすることが、本当の意味で社会をよくすることにつながると、石井先生はわかっていたのかもしれません。

唯物史観自体は理論として大変優れたものだと思います。しかし、実際の政治においては、マルクス主義はそこに人間の「欲望」というものを組み込むことができなかった。東側諸国では、スターリンの粛清や中国共産党による文化大革命など、大きな犠牲者を出す結果となりました。とりわけ中国では、ブルジョア的だということで貴重な文化財が次々と破壊された結果、現在ではその多くは現存しません。

ご存知の通り、東西冷戦はソビエト連邦の崩壊によって終わりを告げます。東側諸国の解体が進み、それとともにマルクス主義的な唯物史観はやはり不完全なものであると考えられるようになっていきました。唯物史観はベルリンの崩壊、ソ連の解体とともに徐々に主役の座から後退してしまったところがあると思います。

新しい歴史観はなぜ出てこないのか

繰り返しになりますが、このように歴史観というのは、時代とともに変遷していくものです。学閥によって学問の定説が作られ、また変わっていくように、歴史観というものも変わっていきます。

皇国史観、唯物史観という歴史観が登場してその後、新しい歴史観が登場してきたかというと、そうではありません。今現在、私を含めた歴史学者は新しい歴史観を打ち出すに至っていません。第一章でも述べた通り、史料から史実を、史実から史像、そして歴史観＝史観を導き出していくことが歴史学者の一つの理想のかたちです。しかし、物語性を批判し、史料至上主義に陥った現在の歴史学、日本史学においては、「大きな物語」である歴史観を作る流れはほとんどないと言ってもよいかもしれません。そこには暗記教育と化した歴史教育の問題や皇国史観、唯物史観への別の反動があるのかもしれませんが、他方で、日本独特の理由もあると私は思っています。

というのも、日本は歴史資料＝史料が世界で最も多く残っている国だからです。つまり、史料と史料のつなぎ目の欠落が、いちばん少ない国と言っても過言ではありません。このつなぎ目の欠落が多ければ多いほど、それこそ演繹法や帰納法を駆使して、理論を作り、その間を埋めなければならなくなります。理論とは具体的な事実からより抽象度の高い論理を作ることですから、具体的な事実の間を埋める大きな枠組み、すなわち歴史観を形作ることにも直結します。

しかし、日本の場合、幸か不幸か、史料が山のようにあります。つなぎ目の欠落を史料ではなく理論で克服する必要がありません。新しい史料を探し出せばいいのです。あるいは従来の史料をじっくりと読み込んで、穴を埋めることができてしまう。

その意味では、非常に実証的な作業を積み重ねることで、歴史の叙述ができてしまう。史料至上主義に陥りやすい傾向があるというのが、日本の歴史学、日本史学の特徴と言えるでしょう。

また史料を自由自在に使いこなすようになるには、専門的な教育を受けなければなりません。もちろん、相当な時間がかかります。ですから、史料至上主義的な歴史学者に対して、「それだけではだめだ。歴史観を作らなくてはだめだ」と批判するには、やはり同じように史料を自在に扱える人間でないと難しい。学んでいるうちに史料の扱い方を体得してくると、「まあ、これでいいかな」と納得してしまう人も少なくない。ですから、史料至上主義は無批判に温存される傾向があります。その結果、いつまでも日本には新しい歴史観が生まれないのです。

そもそも本当の歴史は誰が作るのか。本章で説明したような学閥に属した限られたエリートが作るものではありません。英雄豪傑が歴史を作るわけでもありません。歴史を作ってきた人間のほとんどが名もなき庶民なのです。

そうした庶民は自分たちがどんなことを考え、どんな行動をしてきたのか、史料に残していません。ですから、名もなき庶民の歴史を復元することは非常に難しい。

しかし、心ある歴史学者たちは、こうした本当の歴史を作ってきた庶民たちの姿を解明するために、さまざまなアプローチを試みてきました。なかでもそれに成功したのは、私が師事した石井進先生と五味文彦先生の二人の歴史学者だったのだと思っています。

従来の日本史学、歴史学ではどうしても時代の分かれ目に着目し、いかに社会が変わったのかという問いを立てるために、政治的な問題に注目するのが通常です。本章で見てきたように、保元の乱や平治の乱、治承・寿永の内乱、承久の乱のような戦乱や鎌倉幕府の成立といった政治的な出来事を取り上げるのが常でした。しかし、石井進先生は、四〇歳でそうした政治学的な歴史探究は切り上げ、以降は民俗学や考古学に接近し、庶民の生活はどうだったのかということを掘り下げていきました。また、五味文彦先生の場合は、文学や芸能に注目して、庶民がどういう文学や芸能を受容していったのか、歴史学の史料と合わせて論じることで時代の変遷を描いていきました。この二人のアプローチが、唯物史観以降の大きな歴史観を考える際にヒントとなる、少ない成功例なのではないかと思っています。

国家の側からではなく社会の側から歴史を語るという意味で、唯物史観の影響のなかで登場し、日本の中世史に大きなブームを巻き起こした網野善彦という歴史学者もいます。

網野先生は、歴史の表舞台には登場してこなかった海民、商人、職人、芸能民といった名もなき人々の共同体を描きました。そして、そこには現代の我々が考える「自由」と「平等」がしっかりと息づいていたと訴えました。彼独自の歴史観は「網野史観」、あるいは「網野史学」とも呼ばれます。

私自身は以前、網野先生の歴史観のことを「二倍史観」と命名したことがあります。「百姓は農民ではない」。これは網野先生が好んで使った講演タイトルですが、正確に言い換えると「百姓は農民だけとは限らない」ということです。

百姓というと、一般には農作業に従事するいわゆる農民の姿をイメージするでしょう。

しかし、実はそうではなくて、農業のかたわら、漂泊しながら商売をし、現金収入を得ていた。私たちは昔の農民というとどこか貧しい農村を思い浮かべますが、網野先生の見立てによれば、富裕な百姓が多くいたことになります。古文書の多くは主に定住する農民について作成され、後世に伝えられたため、結果、漂泊する百姓の姿は史料のなかに残りづらかった。その存在を注意深く凝視することにより、中世社会はこれまでの二倍は豊かな姿を見せてくれる。だから、「二倍史観」というわけです。

この網野史観は、たとえばよく知られているように、スタジオジブリの宮崎駿監督作品『もののけ姫』の世界観に色濃く反映されるなど、中世史に限らず、他分野にも大きな影響を与えました。

しかし、その一方でこの網野史観自体を、その是非も含めて、大系的に総括すること自体、誰も行っていないのが現状なのです。

その意味では、私自身も含めて歴史学者というのは何をやっているのだろうと、反省するばかりです。

物語性を捨てた日本史

歴史観や物語性を忌避することは、日本の歴史学の史料至上主義化と徹底した専門化を招きます。その結果、歴史学者が良質な歴史を広く一般に語ろうという役割を放棄してきたという流れが、専門化をいっそう促進したということもあるだろうと思います。

たとえば、ＮＨＫにはかつての『そのとき歴史が動いた』、『歴史秘話ヒストリア』など、歴史を正面から扱う番組枠があります。

特に毎週定時に放送する歴史番組として日本初と言える『日本史探訪』は、一九七〇年に放送が開始。かれこれ五〇年近く前のことです。小学校高学年だった私も、毎週欠かさず観る番組で、ギャラクシー賞などさまざまな賞に輝いて、本当にいい番組でした。

『日本史探訪』は歴史上の有名な人物を毎回取り上げて、その人物の足跡を辿っていきます。その際、ゲストを一人か二人招いて、解説をしてもらう。現在の歴史番組にも見られる定番の型を最初に作った番組と言えます。後になって気がついたのですが、実はこの『日本史探訪』には、専門の歴史学者がほとんど参加していなかったのです。

ですから、もちろん『日本史探訪』は放送終了した後ですが、ＮＨＫの人に「歴史学者は呼ばないの?」と聞いたことがあります。そうすると「学者はめんどくさい」と言う。詳しく聞くと、どうやら史実的に間違っていると、細かく番組の内容にケチをつけるのだそうです。つまり、物語として歴史を面白く紹介することができなくなるのです。

そのためか、『日本史探訪』によく出演された専門家というのは、海音寺潮五郎先生や司馬遼太郎先生といった歴史小説家の方々でした。あるいは、哲学者の梅原猛先生など、歴史学者ではないけれども、日本史について自由に論じているような先生方が出演されていました。

日本史の番組にもかかわらず、肝心カナメの日本史学者、歴史学者は出てこない。私はそれが大きな間違いだったのではないか、この頃からボタンの掛け違いが起きていたのではないかと思っています。

そうした反省から、私は日本史学者のなかでも比較的、テレビに出演して、一般の方々のほうを向き、歴史について語ったりしているほうだと思いますが、そうすると「お前は偽物だ」なんて言われる。「テレビなんかに出る研究者は研究者じゃない」などと言われるわけです。

もちろん、一般の方々にわかりやすく歴史を語ろうとすれば、歴史的には正確とは言えないことも話す必要も出てきます。しかし、多くの人に伝わってこその歴史、日本史ではないでしょうか。学問は専門家のなかだけで議論したり、話題に上ったりしていればいいというわけではない、広く一般に伝わってこそのものだと、私自身は考えているのですが、なかなかそういうことが受けいれられない。専門家たちの間で共有されているわけではないのです。

歴史を広い視野で見ていく

本章では歴史観や歴史の解釈というものは、時代によって変化するということ、そして定説を疑うというような営みの重要さについてお話ししました。

日本史の定説を疑うという意味では、現在も若い研究者からさまざまな「新説」が出されています。なかには見るべきもの、注目すべきものもあるのですが、定説を批判したいあまりに、突飛な発想を力説する人もいます。

たとえば、本章で取り上げた承久の乱を見ていくと、この乱の発端となったのは後鳥羽上皇の「北条義時を討て」という命令でした。新説によれば、後鳥羽上皇はあくまでも北条義時を討てと命じただけで、幕府を倒せとは言っていない。だから、後鳥羽上皇は幕府という武家政権そのものを否定する意思は持っていなかったという。北条義時の首だけ持っていけばそれで満足だったのだ、というわけです。

しかし、これは当時の理屈からすれば、やはりおかしい。そもそも、この時代にはまだ幕府という言葉は存在しません。明治以降、それまでの政権を「幕府」と呼ぶようになりました。ですから、成立当初の鎌倉幕府の実態はあくまでも源頼朝とその仲間の武士たちということになります。いわば、統治の主体は「人」だったのです。それは北条義時が武士政権の実権を握ってからも基本的に変わりありません。

たとえば、治承四（一一八〇）年の以仁王の令旨では、「清盛法師ならびに従類の輩」を討てとあります。つまり追討の対象は最高指導者とその支持者たちということになります。承久の乱当時の幕府の最高権力者は、北条義時に違いありません。つまり、北条義時を討て、という命令はそのまま武士政権である鎌倉幕府の否定であり、打倒を意味していたと考えるのが、当時の理屈にかなっています。

このように、「後鳥羽上皇は義時の排除を望んだだけで、幕府を否定したわけではない」というような新説が驚くほど、支持されている現状は、日本史研究者の質が低下しているように思えます。

議論がきちんとなされないという意味では、『吾妻鏡』に記された承久の乱での幕府軍の数「一九万」という数字をそのまま無批判に受け止めてしまっている人もなかにはいます。先述したように、少し歴史を考えて比較したりすることで、この数は明らかにおかしいとわかるはずです。保元の乱から承久の乱にまで至る流れをつかみ、これを比較することで歴史の真の姿が見えてくるのです。その意味では、歴史の通説や定説を疑うには、より広い視野を持たなければいけません。それは本書で繰り返し指摘している物語性や歴史観につながってくるものだと思います。

第五章

想像する日本史

　しかし、他方で様々に「想像」することもまた、歴史を学ぶ上で、とても重要なのではないかとも私は思います。歴史を「生きた歴史」として理解するためには、歴史上の人物も自分たちと同じ生きた人間であることに思いを巡らせ、その決断の裏にはどんな感情が渦巻いていたのか、どんな人間関係のなかで行動したのか、というのはとても重要だと思います。

（本文より）

権門体制論と東国国家論

前章では保元の乱から承久の乱に至るまで、東国の武士政権の確立と拡大の歴史を見てきました。とりわけ朝廷と幕府の全面的な戦いとなった承久の乱は、ある国家観・世界観同士の戦いだったとも言えます。それは、前章でも少し取り上げた権門体制論と東国国家論という理論的な対立です。

物理学や数学のような学問においては、素晴らしい法則は皆、シンプルです。アインシュタインの相対性理論のように、$E=mc^2$という公式だけで表現できてしまいます。それと同じような法則や理論を歴史においても見出すことができるかどうか。その意味では、この権門体制論と東国国家論は、歴史における理論的な洞察のヒントを与えてくれます。本章ではまずこの二つの国家体制に関する理論について見ていきたいと思います。

まず、権門体制論というのは、中世国家の頂点に天皇を位置付けるという考え方が基礎になっています。権門とは「権力のある家」という意味です。つまり、権力を持つ「公家」と「武家」と「寺家」という三つの支配層が天皇の一家すなわち「王家」を支えるという構造になっています。公家は政治、武家は軍事、寺家は宗教や祭祀を司っていたと考えられます。この三つの集団が相互補完的に協力しながら王家を支えていく。このような権門体制論を最初に主張したのが、黒田俊雄先生でした。

一九六〇年代にこのような権門体制論が提唱されると、たちまちに注目を浴びました。特に他の時代の歴史とのつながりをうまく説明できる点が評価されました。日本史では古代国家は普通、「律令国家」という体制として説明されます。この律令国家が前章で紹介した源平の争乱によって崩れた後、中世には権門体制が生まれます。その後、戦国時代の乱世を迎え権門体制論が崩れたのち、江戸時代となり幕府と藩による「幕藩体制」へと移っていった。律令国家―権門体制―幕藩体制という体制の変化によって日本史を語ることができるのです。

また、権門体制論は、それまでどう位置付けるべきかよくわかっていなかった寺家の存在を公家や武家と並ぶ勢力として位置付けることができたことも、この体制理論が支持される要因だったと言えるでしょう。

この権門体制論に対して、私の恩師である石井進先生は、「中世に本当に国家があったのですか」と疑問を呈するにとめました。もう少し詳しく言うならば、「中世という時代は中央集権国家が存在しなかった時代で、それが時代の特徴でもある。だから、まずは、『中世国家というものがそもそも存在したのか』を考えるべきなのに、『中世国家が存在した』という大前提で議論を始めること自体が間違いではないか」（本郷和人『日本史の論点』扶桑社新書より）ということです。そもそも中世に国家はあったのかどうか。そのような疑問を石井先生が投げかけたのち、一九八三年にこの権門体制論に対抗する考え方を示したのは、石井先生の師匠にあたる佐藤進一先生でした。これがいわゆる東国国家論です。

東国国家論の基本的な考え方とは、中世日本には東には将軍をトップとする武士の政権である鎌倉幕府があり、西には天皇をトップとする貴族の政権である朝廷があり、両者は並び立っていた、というものです。両者は互いに相互不干渉であり、東の将軍と西の天皇は上下がつけられない存在だったと佐藤先生は考えました。

権門体制論はあくまでも天皇は王家として、将軍と武家の上に存在します。そして、公家、武家、寺家が協力し合い、相互補完していたとされます。しかし、東国国家論では、天皇と将軍は並び立つ存在と考えられ、朝廷と幕府は相互不干渉の関係と考えられます。

現在では、権門体制論と東国国家論のうち、権門体制論のほうが支持されている状況にあります。というのも、天皇と将軍の位置関係からすると、将軍を任命するのは天皇であり、その逆ではないという事実から、天皇が上で、将軍が下とする権門体制論は受け入れやすいという事情もあります。また、寺家の位置付けや、律令国家体制から権門体制、そして幕藩体制という流れのつかみやすさという利点も権門体制論が支持されるポイントの一つでしょう。

分の悪い東国国家論ですが、本書でこれまで論じてきたように「西高東低」という日本史の法則から見てみるとどうでしょうか。日本の歴史というものは西から発展し、東はそれに「追いつけ追い越せ」のように発展していく。そのなかで、先に発展し権力を拡大した朝廷の影響力から、次第に辺境の地であった関東の武士たちが独立しようとしました。そのとき、関東の武士たちには、自分たちは西国の朝廷とは別物だという考えがあったのだろうと思います。

この違いがよくわかるのが、前章でも述べた源頼朝との関東の武士たちの考え方の違いです。頼朝は鎌倉入りしたのち、平氏追討のためそのまま上洛することを目指しました。しかし、それを関東の武士たちは拒否し、関東に残ることを進言しています。関東の武士たちが望んだのは東国国家論のような体制です。西の朝廷から独立した政権を関東に築く。武士たちが望んでいたのはこのような体制でした。おそらく、頼朝自身はまだ権門体制論的な国家観でこのときまでは動いていたのでしょう。しかし、関東の武士たちが望んでいることを理解し、かつ自分自身はこうした武士たちの支えによって武家の棟梁を担っていることをよくわかっていました。だからこそ、武士たちの東国国家論に乗ったのです。

しかし、その後も頼朝は朝廷と外交をしながら、さまざまな権利を獲得していきます。朝廷という旧体制から鎌倉幕府という新体制を承認してもらい、権力の正統性を得ていくというのは、いわば天皇は将軍の上にあるような状態です。それはつまり権門体制論的な考え方です。京育ちの頼朝にとって、単純に東国国家論だけでは新しい権力の正統性を獲得することはできないと考えたのも無理もありません。

この意味では、鎌倉幕府のなかには権門体制論と東国国家論の二つが、意見の対立としてともに存在していたことになります。このように考えると、権門体制論か東国国家論かという二者択一の問いではなく、権門体制論も東国国家論も、当時の中世日本には併存し得ると考えることができるのです。

やがて、権門体制論と東国国家論の対立は、朝廷と幕府の全面的な対立である承久の乱によって表面化しました。この戦いで幕府側が勝利したということは、東国国家論の体制が勝利したことを意味します。

けれどなお、権門体制論、東国国家論という枠組みは、承久の乱以降も中世を通じて連綿と維持されたと考えられます。おそらくそれは応仁の乱の頃まで続いたと考えられるでしょう。

応仁の乱によって、武士の政権の核となる中央集権体制が崩壊し、中世という時代は終わり、乱世の戦国時代へと突入します。武士たちは室町幕府のあった京を捨て、自分たちの領地へと散っていき、それぞれの国を守るために戦います。その頃には、国家体制を考える権門体制論も東国国家論も意味をなくしていくのです。

次節ではこの応仁の乱について、簡単に見ていきたいと思います。

応仁の乱——中世国家体制の崩壊

承久の乱以降、北条氏による幕府支配は強化され、執権として権勢を振るいました。その後、足利尊氏ら北条氏に不満を持つ勢力によって、北条氏は討たれ、京の室町に幕府を移します。これが室町幕府となります。以後、将軍は足利家から輩出するようになります。

より時代が降り、応仁元（一四六七）年から文明九（一四七七）年までの一一年間の長きにわたって争われたのが、応仁の乱です。応仁の乱については様々な説明や解釈がなされていますが、基本的には細川氏が率いる東軍と山名氏が率いる西軍が幕府の主導権をめぐって争ったことがこの乱の基本をなしています。足利将軍家の家督争いや管領の畠山氏・斯波氏の家督争いといった他の要素は従属的なものに過ぎない、というのが私の見立てです。ちなみに管領とは、室町幕府において将軍に次ぐ最高位の役職で、幕府の実権を握るポジションにありました。管領職は、細川氏、斯波氏、畠山氏が順々に務めていました。

籤で決められたため、「籤引き将軍」とも言われた六代将軍・足利義教《よしのり》は有力な守護大名の力を削ぐことで、将軍権力の強化をはかりました。一色義貫や土岐持頼といった有力大名を殺害し、山名氏の家督争いに無理矢理に介入します。四カ国の守護を務めた山名時熙の子・持熙とその弟・宗全が家督をめぐって争っていたのですが、義教の計らいで宗全が家督を継ぎました。以後、同様に義教は斯波氏や畠山氏、赤松氏の家督争いにも介入していきます。

このような義教の干渉に対して、守護大名たちの不満は大きなものとなり、ついに嘉吉元（一四四一）年、播磨国・備前国・美作国の三カ国の守護を務めた赤松満祐によって、義教は謀殺されたのです。いわゆる嘉吉の変です。幕府のトップである将軍を、その家臣である一守護大名が殺害したということは、幕府の根幹だった主従関係を大きく揺るがす事件となりました。これにより、将軍の権威は大きく揺らいでいきます。管領の細川氏に先んじて、赤松氏を討伐したのが、義教に大恩のある山名宗全でした。この功績によって山名氏の領国は一〇カ国となり、細川氏の九カ国を上回ります。こうして、幕府内の勢力図が大きく変わっていったのです。

応仁の乱が勃発した当初、管領のなかでも力を持っていたのは畠山氏でした。四代将軍・義持、五代将軍・義量《よしかず》、そして六代将軍・義教と三代にわたって仕えた管領・畠山満家は、管領職を辞任後も、宿老として幕府内でも発言力の強い存在でした。山名宗全の父・時熙も同時期に将軍家に仕えた宿老だったため、畠山氏と山名氏は親しく結びついた間柄でした。

他方、細川氏は、ともに将軍家を補佐してきた赤松氏が将軍を謀殺したことで謀反人となったため、政治的な発言力は下落していきます。

山名宗全が赤松討伐によって幕府内での勢力を増した時代、管領を務めたのは満家の子・畠山持国でした。この持国の家督相続を巡り、畠山氏は真っ二つに割れてしまいます。持国は実子の義就《よしひろ》を差し置いて、甥の政長を後継に指名していたことが、この家督をめぐる争いへと発展していきます。義就の母は遊女のような存在だったらしく、持国としては自分の子かどうか確信が持てなかった。そのために政長を後継者としたのです。しかし、やがて義就が成長すると次第に自分の子に間違いないという思いが強くなり、出家を取りやめさせます。しかし、義就の後継に反対する家臣が政長を擁立すると、義就と政長の間で血みどろの家督争いが巻き起こるのです。畠山氏の家督争いが応仁の乱の引き金になったということで、当時の人々は応仁の乱のことを「畠山一家の乱」とも呼んでいました。

政長に戦を仕掛けた義就は、幕府によって謀反人と認定され、逆に義就討伐の命が下ります。守護大名たちは義就が立て籠る岳山城を攻めましたが、義就は軍事指揮官としての才能を発揮し、幕府軍の攻撃を凌ぎました。この戦いぶりに注目したのが、山名宗全でした。宗全は義就を味方につけることが山名氏の繁栄につながると考え、義就側に付きます。これに対して、山名氏と相対する細川氏は政長側に付きました。こうして、畠山氏の家督争いは、山名氏と細川氏による幕府の主導権をめぐる戦いへと発展していったのです。

有力な守護大名のうち、細川氏側には赤松氏や京極氏などが加わり、山名氏側には大内氏、土岐氏、一色氏が加わり、細川氏が率いる東軍と山名氏が率いる西軍の戦いとなりました。

こうして応仁の乱は、東西の軍が一一年間の長きにわたって戦いを繰り広げることになるのですが、両陣営が激しく正面からぶつかり合うことはなく、戦乱はずるずると続いたのです。その過程で、東軍の大将である細川勝元も、西軍の大将・山名宗全も亡くなっています。その結果、文明九（一四七七）年に両軍痛み分けということで、応仁の乱は幕を閉じます。

歴史理論の射程

一一年間に及ぶ応仁の乱によって、もはや足利将軍家には武士たちをまとめるほどの力がないことが白日のもとに晒されたことになります。幕府の権力は低下し、京にいた守護大名たちは次々と自らの領地へと引き上げていきました。このとき、すでに室町幕府は鎌倉公方に関東から東北までを治める役割を丸投げしており、九州の統治は九州探題が担っていました。そのため、関東と東北、九州は幕府の直接統治の外に置かれ、守護大名が義務付けられた京都常駐の役目は免除されていたのです。応仁の乱において幕府の実権を巡り争った大名たちは、基本的に京都に常勤していた守護大名たちでした。乱が終結すると、権力の低下した幕府の命令を無視し、守護大名たちは自身の領国へと帰還したのです。

こうして各地に戻った大名たちが、自らの領国を守るために戦国大名となっていきます。しかし、京から帰還した守護大名がそのまま戦国大名に転身できたかというとそうではありません。地元では家来が領国を乗っ取るという下剋上が横行し、自らの領国に戻れないというケースもあったのです。たとえば、越前国と尾張国の守護だった斯波氏は、応仁の乱後、守護に代わって領国経営を担っていた朝倉氏や織田氏に、それぞれ越前国、尾張国を奪われてしまっています。

このように京都にいた守護大名たちの多くは、応仁の乱後、領国に戻り戦国大名に転身することができずに、没落していったのです。これとは逆に、京都に常勤する義務のなかった関東や東北、九州の守護大名の多くは、もともと地元に張り付いていたわけですから、そのまま戦国大名に転身することに成功しました。

京都にいて応仁の乱を戦った守護大名は没落し、地元にいた守護大名はそのまま戦国大名となり、守護代を務めた家来などは下剋上を通じて戦国大名となった。このように応仁の乱は、朝廷と幕府の権力が大きな力を持つと想定した権門体制論と東国国家論が説明する体制を一気に崩してしまい、各国が独立して争い合う乱世の戦国時代を招いたのでした。

とはいえ、ここで権門体制論と東国国家論のような理論的枠組みが全くなくなったわけではありません。その後、豊臣秀吉による天下統一によって豊臣政権が生まれ、徳川家康が関ヶ原の戦いによって勝利し、戦国時代に終止符を打ちます。このとき、徳川家康は豊臣政権がしたように大坂や京都を押さえて、西国に自身の政権を打ち立てるのではなく、関東の江戸を中心とした政権作りを進めました。つまり、権門体制論ではなく、東国国家論的な発想で、東国に独立した政権を置き、ここから幕藩体制を確立していきます。権門体制論、東国国家論という理論の枠組みの活用は、中世から近世にかけて、鎌倉幕府の成立から江戸幕府の成立までを含み込む、大きなスパンでの歴史の把握に役立つのです。

日本史を想像する

今日の歴史学では権門体制論が支持されていますが、このようにより大きな枠組みで考えてみると、東国国家論を一概には否定できません。むしろ両者が響き合いながら日本の歴史は進んできたと考えられます。

どのようなまとまりで歴史を考えるのか、そのとき、こうした理論的な射程を参考にしながら考え、議論し、理論自体を鍛え作り直していく。こうしたことも歴史を考えるときの重要な方法になります。

こうした理論的な大きな枠組みを考える際、あるいはこうした大きな枠組みを考えるセンスを養うのに、重要だと思うのが、やはり本書で述べてきたような歴史物語の側面だと思います。

こうした物語的視点を養う上で、やはり重要なのは歴史小説や歴史エッセイを著した作家たちの仕事です。著名なのはやはり司馬遼太郎先生でしょう。司馬先生の作品以降、歴史小説は当時の「社会」というものを意識しながら歴史を描くようになりました。

私自身が大きな影響を受けたのは、海音寺潮五郎先生の作品でした。現代ではほとんど読まれることはないのかもしれませんが、抜群のストーリーテラーだったと思います。また、海音寺先生自身はおそらく、学者になりかった。だからこそ、史料をきちんと読むことができました。近年の歴史作家には史料が読めない方も多いと聞きますが、その意味では、海音寺先生は史料を読み、史実を検証しながら、史像を想像しながら、創作することができた。だからこそ、『江戸開城』のような、小説ではなく史論を執筆することもできたのです。

私がよく覚えているのは、海音寺先生の『天と地と』という上杉謙信の生涯を描いた作品です。そこに描かれる謙信と、宇佐美駿河守定満の娘・乃美とのラブロマンスを読み、まだ小学生だった私は胸を熱くさせていました。

なかなか会うことができなかった謙信と乃美が物語の最後に出会い、思いを初めて伝え合い、心が通い合うのだけれども、謙信は川中島の戦いに出陣していく。武田信玄の陣へと突撃を掛ける謙信でしたが、そこに乃美が喀血し亡くなった報が伝わる。そして、空を仰ぎながら、独白する……。今でも、その感動的なラストシーンはそらんじることができます。ぜひ、読んでいただきたい名作の一つです。

学問としての歴史と物語としての歴史の大きな違いは、謙信と乃美が互いに愛し合ったというような、人物たちの内面を描くかどうか、とも言えます。

逆に言えば、私が東大に入り、駒場での教養課程を終えて本郷へと移り、歴史の専門教育を受けて史料編纂所に入るまで、つまり二〇歳から二八歳までの歴史学の修業時代には、その物語性を捨てるということが一番大変だったと記憶しています。

歴史小説のような物語に登場する歴史上の人物たちは、みな怒り悲しみ、楽しみ、笑います。恋をしたり、嫉妬をしたり、敵を恨んだりします。つまり、生きた人間として描かれるわけです。そうした人間の感情はもちろん一定ではありません。

ですが、こうした人間の内面は、当然のことながら、歴史の史料からは窺い知ることができません。確実にわかるのは、ある人物がどんな行動を起こしたか、そしてどんな出来事が発生し、それがどのように推移したか、です。史料至上主義的な態度を取る学者は、歴史上の人間たちの内面に迫ることを徹底的に禁じます。それは「想像」の範疇に過ぎないからです。小さい頃から歴史小説を楽しんできた私としては、歴史上の人物たちが自分の思いを吐露するのは当然のことだと思っていました。このとき、やっていることと思っていることがチグハグになるのが、人間というものです。しかし、実証主義を重んじる歴史学からすれば、こうした曖昧な人間の内面というものは、議論の対象にはなりません。やはり客観的にわかる、人間の行動の方に注目します。歴史学を学ぶ際に重視されるのは、そうした実証的な態度なのです。

たとえば、足利尊氏は、京都に足利政権、すなわち室町幕府が発足する直前の建武三（一三三六）年八月一七日に清水寺に自筆の願文を捧げています。そこには「私は仏の道に入りたい。現実の生活を捨てる勇気を与えてほしい。自らの果報はすべて弟の直義に与えて、直義をどうか守ってほしい」と、清水寺の観音菩薩に対する願いが記されています。

もう少しで自分たちの政権を確立することができる、その直前に、現世的な成功には執着しない尊氏の姿がこの願文から見て取れます。

その後、尊氏は弟の直義と決裂し、最終的には殺してしまうわけですが、そのような尊氏がこの時点でどんな思いでこの願文を書いたのでしょうか。本当に尊氏は権力を手放し仏の道を進もうと考えていたのか。あるいはそんなことはできないということはわかっているけれども、自分の思いを観音菩薩に対して独白したとも考えられます。直義を守ってくれ、というのは後に対立した事実からすればまるで反対のことですから、ただ口先だけだったとも考えられます。

尊氏の本心がどうだったのかは誰にもわからない。だからこそ、実証的な歴史学はそこには踏み込みません。

人間の感情と行動というのはいつでもイコールではありません。そこにはさまざまな葛藤や矛盾が渦巻いているのが普通です。ですから、そう簡単に人間の内面に迫ることはできない。特にそれが現在には生きていない歴史上の人物ならなおさらです。

実証的な態度を身につけることはもちろん必須のことです。これは否定しません。しかし、他方で様々に「想像」することもまた、歴史を学ぶ上で、とても重要なのではないかとも私は思います。歴史を「生きた歴史」として理解するためには、歴史上の人物も自分たちと同じ生きた人間であることに思いを巡らせ、その決断の裏にはどんな感情が渦巻いていたのか、どんな人間関係のなかで行動したのか、というのはとても重要だと思います。そうした部分を担ってきたのは、歴史小説のような物語です。歴史を楽しむという意味でも、歴史を考えるという意味でも、もう一度、歴史を「想像」することに注目すべきなのではないかと思います。

第六章

現代につながる日本史

歴史は別の歴史と比較することで、意味を持ちます。他国の歴史と比べてみてもよいでしょう。しかし、自分の人生と引きつけて考えるならば、現代の日本と、本書でこれまで述べてきたような、古代からの日本の歴史を比較してみることも効果的です。そうすれば、現代日本の特徴というものがわかってきます。

（本文より）

歴史と現代をつなぐ――鏡としての歴史

前章では応仁の乱に至る歴史を考えながら、歴史における理論の重要性、ひいては歴史のあり様を想像することの重要性についてお話ししてきました。

想像するという意味では、本書の第一章で述べたように、歴史を学ぶことで私たちは自分の「来し方行く末」を学び、考えることができます。つまり、歴史を勉強することは、自分が生きている現代について考えることがより深まるということでもあると思います。

よく最近のCMや現代のビジネスパーソン向けの啓発本などには「もう後ろを振り返る必要なんてない」「前に向かっていこう」「今が大事」というポジティヴなイメージの言葉が目立ちます。逆に言えば、過去を振り返ることはネガティヴな印象のようです。過去にとらわれていては新しいことができない、我々は前を向いて、未来へと進んでいくんだというような、いかにも口当たりの良い言葉です。

しかし、私はそれは違うのではないかと思います。新しいことを始めるにも、そもそも何が新しいのかは、過去にどんなことがあったのかを知っていなければわかりません。言い換えるならば、我々はどこから来たのかがわからなければ、どこへ行くのかもわからないのではないでしょうか。歴史を学ぶということは、ある意味、自分の生き方を考えることにもつながっています。ただ年号を暗記するのではなく、そのように現代に引きつけて、自分の問題として考えていくこと。これもまた歴史を学ぶ醍醐味なのだと思います。

よく私が歴史を学ぶことを語る際に用いる比喩なのですが、私たちが自分の顔を見るには鏡に映った像を見るしかありません。鏡を通して初めて、自分の顔がどんな風になっているのかがわかります。そして、他人の顔を見ながら、鏡に映った自分の顔を見ることで、「俺ってイケメンだな」とか「俺ってなんか変な顔しているなあ」とか、そうした評価を下すことができます。鏡を通じて自分の顔を顧みて、他人と比較し、自分の顔を評価する。この鏡と同じような役割を果たすのが、歴史なのです。

歴史は別の歴史と比較することで、意味を持ちます。他国の歴史と比べてみてもよいでしょう。しかし、自分の人生と引きつけて考えるならば、現代の日本と、本書でこれまで述べてきたような、古代からの日本の歴史を比較してみることも効果的です。そうすれば、現代日本の特徴というものがわかってきます。イタリアの歴史学者ベネディット・クローチェは、「すべての歴史は現代史である」と述べましたが、それはこうした過去と現代の対話を通して歴史を学ぶ態度を言っているのだろうと思います。

そうすることで、私たちは今、自分が一体この歴史のなかでどの座標にいるのかがわかる。座標がわかれば、どちらの方向へ歩いていけばよいかがわかってくる。過去を振り返らずに、闇雲に「前に向かって進んでいこう」とすると、本当に進んでいる先が「前」なのかどうかもわかりません。遭難する可能性だって出てきます。

本章では歴史を現代に引きつけながら考えてみたいと思います。そこで注目したいのは天皇制です。現行の天皇制はいわゆる象徴天皇制であり、日本国憲法第一条によって、日本国と日本国民統合の「象徴」と規定されています。しかし、そもそも天皇の存在は本書でも見てきたように、古代から連綿と受け継がれており、それは「万世一系」という言葉で表現されています。以前、作家の井沢元彦先生と対談した際に、井沢先生は「日本史の特徴をただ一つだけ挙げろ、と言われれば、やはり天皇の存在ですね」とおっしゃってお られました（本郷和人『日本史の定説を疑う』宝島社新書）。その意味では、日本史とは天皇とは何かを考えるための学問という側面もあるだろうと言えるでしょう。

今日、天皇の生前退位や女性天皇を認めるかどうかといった問題を含めて、皇室の存続は今後の日本社会を考える上でも大きなテーマともなっています。前章まで見てきた歴史のターニングポイントに引きつけて、天皇制というものを考えてみたいと思います。

関ヶ原の戦い――天下分け目の戦い

応仁の乱の終わりとともに、各地の守護大名は退場します。かわって戦国大名が台頭し、各領国を守り、かつ自らの領地を広げるための戦いを繰り広げる、いわゆる戦国時代へと突入しました。天下布武を掲げ、日本統一まであと一歩に迫った織田信長、その後、天下統一を果たし大坂を中心とした豊臣政権を打ち立てた豊臣秀吉に続いて、天下を取ったのはその後、二六〇余年にわたって太平の世を築く徳川家康でした。

徳川家康の天下は、慶長五（一六〇〇）年、豊臣方と徳川方で分かれて戦われた関ヶ原の戦いによって決定的となりました。同年九月一五日、第二章で述べたように壬申の乱の古戦場だった不破の地、すなわち関ヶ原で行われた戦いのおおよそは、皆さんもよくご存知の通りです。他方で、この天下分け目の関ヶ原の戦いでは、不破の地だけでなく、全国各地で豊臣方（西軍）、徳川方（東軍）に分かれて戦いが巻き起こっています。たとえば、東軍の京極高次らと西軍の立花宗茂・小早川秀包《ひでかね》らが争った大津城の戦いや、東軍の最上義光らと西軍の上杉景勝が争った出羽合戦、東軍の黒田官兵衛と西軍の大友義統《よしむね》が争った石垣原の戦いなどもまた、広義の意味では天下分け目の関ヶ原の戦いに含まれます。

さて、ここで問題ですが、この関ヶ原の戦いはそもそも、誰と誰が戦ったのでしょうか。東軍の総大将はもちろん、徳川家康で異論はないでしょう。しかし、西軍の総大将とはいったい誰でしょうか。意外とこの問い、きちんと答えることが難しいのです。

かつてであれば、西軍の総大将は五奉行のひとり、石田三成とされていました。近年は、大坂城入りした五大老のひとり、毛利輝元だとされています。

しかし、果たしてこれは正しいのでしょうか。戦いを仕掛けた側は、もちろん東軍の総大将である徳川家康です。彼は何を目的として関ヶ原の合戦を起こしたのかといえば、豊臣家の打倒です。そのために必要なのは豊臣秀吉の世継ぎである豊臣秀頼の首を獲ることでしょう。ところが、慶長五（一六〇〇）年の段階では、豊臣家縁故の家臣が多く、秀頼の首を獲ることを目的に掲げようものなら、東軍側についた秀吉子飼いの猛将である加藤清正や福島正則らが反旗を翻す危険がありました。ですから、関ヶ原の戦いの落としどころは、秀頼の生殺与奪権を握ること。つまり、大坂城を支配下に置くことだったのです。

家康の狙いは、石田三成でも毛利輝元でもない。あくまでも豊臣秀頼なのです。となれば、西軍の総大将とは豊臣秀頼だったことになります。つまり、関ヶ原の戦いは徳川家康と豊臣秀頼が天下を争った戦いであると言えるでしょう。

こうしてみると、関ヶ原の戦いの勝敗もまたあらためて考えてみることができます。戦を仕掛けた家康が天下人であることを武将たちに認めさせるためには、先にも述べたように、秀吉の世継ぎである秀頼を手中に収めることが必須でした。そのためには、秀頼のいる大坂城を押さえればいいわけです。逆に西軍の秀頼はどうすれば関ヶ原の戦いに勝利したと言えるのか。それは、東軍を討伐すること。つまり、家康の首を獲ることがまず主要な条件となります。あるいは、家康の目的は大坂城を押さえることですから、これを阻止し、畿内から東軍を追い出すことができれば、西軍の勝利と言えます。

しかし、結果はご存知の通り、西軍は小早川秀秋の寝返りなどにより、わずか一日で総崩れとなり、石田三成は捕縛されます。毛利輝元は大坂城を明け渡す決断をし、こうして東軍の大勝利となるのです。

江戸時代はいつから始まったのか？

この天下分け目の関ヶ原の戦いに勝利した徳川家康は、その後江戸幕府を開き、幕藩体制を実現させます。この関ヶ原の戦いがいかに天皇の問題と関わってくるのかというと、そこには江戸幕府の成立年の問題というものがあるのです。

江戸幕府の成立年については、第四章でも触れた鎌倉幕府の成立年とは異なり、定まっているように見えます。それは徳川家康が征夷大将軍という官職を天皇によって任命された年。すなわち、一六〇三年です。現行の教科書でも次のように叙述されています。

「天下分け目といわれる戦いに勝利した家康は、西軍の諸大名を処分し、1603（慶長8）年、全大名に対する指揮権の正統性を得るため征夷大将軍の宣下を受け、江戸に幕府を開いた。江戸時代の幕開けである」（山川出版社『詳説日本史B 改訂版』より）

このように現在の日本史教科書でも一六〇三年の家康の征夷大将軍任命を江戸幕府の成立年とし、江戸時代の始まりとしています。つまり、一六〇三年説が定説となっているのです。

しかし、これを第四章で説明した鎌倉幕府の成立年と比較してみましょう。源頼朝が征夷大将軍に任命された一一九二年説は力を失い、現在は全国に守護を、また荘園に地頭を置くことを許された一一八五年を鎌倉幕府の始まりとすることが定説となっています。

さらに室町幕府の場合を考えてみますと、かつては足利尊氏が征夷大将軍に任命された一三三八年を室町幕府の成立年とされていました。しかし、近年はいわば室町幕府の憲法と言ってもいい、幕府の所在地をどこにするのかという第一項と、当面の基本政策十七カ条を定めた第二項目からなる建武式目が作られた一三三六年を、室町幕府の成立年と考えるようになっています。

つまり、鎌倉幕府、室町幕府ともに、源頼朝や足利尊氏の征夷大将軍の任命とは別の出来事をもって、それぞれ幕府が成立したと考え方が改まっているわけです。にもかかわらず、江戸幕府だけがなぜ征夷大将軍にこだわらなければならないのでしょうか。

そこには第五章で述べたような、権門体制論と東国国家論という理論が関わってきます。天皇と将軍の関係を考えたとき、権門体制論の立場ならば天皇が将軍を任命するのであって、その逆ではないことから、天皇が上であり、将軍が下と考えることになります。東国国家論においては、あくまでも天皇と将軍は不干渉で並び立つ存在とされます。両者のどちらがというよりも、それぞれが並存するかたちで中世が成り立っていたことは、やはり先述した通りです。

今日のように、家康が征夷大将軍に任命されたことを重視して、江戸幕府の始まりとするのは、権門体制論的な見方になります。言い換えれば、征夷大将軍に任命されたことにこだわるのは、権門体制論の影響を受けて考えられているからではないでしょうか。現在の日本史研究では、権門体制論が支持される傾向にありますので、教科書の表記も、定説も権門体制論を基本にしているのかもしれません。

しかし、実際には承久の乱以降、朝廷は天皇が代替わりし、新しい天皇が即位するときには、「次の天皇はこの人にしますがいかがでしょうか」と幕府に確認するようになり、幕府のほうも基本的には「朝廷のお計らいの通りにしてください」と承認しました。朝廷は皇位継承について幕府に伺いを立てるようになったのです。承久の乱で敗北した後鳥羽上皇は隠岐へと流されましたが、その嫡流が皇位へ復権することは幕府が許しませんでした。このように、皇位継承に関して大概の場合、幕府は朝廷の伺いを承認したのですが、時に拒否権を発動することもあったのです。

反対に、天皇が将軍を任命する場合はどうでしょうか。あたかも天皇自身が将軍を決めているように見えますが、実際はそうではありません。天皇が好き勝手に誰を将軍にするか決めることはできないのです。つまり、天皇が将軍を任命するというのは建前上のことだったとも言えることができます。これを強調することは、天皇と将軍が上下関係にあったとする権門体制論の根拠を否定し、むしろ天皇と将軍は並び立つ存在だったとする東国国家論に傾いた解釈と言えるでしょう。

このように考えてみると、征夷大将軍に任命されることが当時、どれほど重要な出来事だったのか、かなり微妙な問題です。それよりも将軍である武士の棟梁の権力が確立されたときのほうがより重要です。つまり、将軍権力が確立された段階で、幕府は成立したと考えるべきでしょう。

将軍権力とは何かといえば、政治と軍事を司ること。特に武士の棟梁であるからには、重要なのはあくまでも軍事ということになります。軍事政権である鎌倉幕府において、武士の棟梁である頼朝と御家人たちが結んだ主従関係を思い出してください。御家人たちは命を投げ出して将軍と仲間たちのために戦います。その見返りとして、将軍は土地を安堵したり、新たな土地を与えたりします。この御恩と奉公の関係が、将軍権力を支えています。

この観点からすれば、関ヶ原の戦いの後、徳川家康はすでに土地の分配権を有していました。関ヶ原の戦いでの論功行賞を行い、新恩給与と本領安堵を行っています。他方、敵方に回った人間たちには所領の没収などを行い罰しています。それらが徳川家康の名のもとに行われたということはつまり、家康に認められたということになります。これはまさに家康と主従関係を結んだことに他なりません。

つまり、これまでの議論に基づくならば、関ヶ原の戦いの後に領地の分配を行った時点で、徳川幕府は成立していたということになります。すなわち一六〇〇年が江戸幕府の始まりの年なのです。

こうして、江戸時代へと入り、各地の国々は藩となって、幕府を中心とした幕藩体制が築かれます。この関ヶ原の戦いによって始まった江戸幕府、そしてその後の幕藩体制こそが、天皇の歴史を考える上で重要になってくるのです。

幕藩体制下の天皇の存在

幕府を中心とした幕藩体制の頂点はもちろん、将軍です。その将軍の下には、三百諸侯と呼ばれるおよそ三〇〇の大名が治める藩があります。各藩ではそれらの大名たちがトップの「お殿様」であり、それぞれに家来があります。このように完全なピラミッド式の階層性を持った国家体制が敷かれたのが江戸時代でした。

しかし、将軍をトップとした完全なるタテ社会が日本全国に敷かれたとしても、新たな問題が生じてきます。それはつまり、幕藩体制において、天皇はどこに位置付けられるのか、という問いです。

確かに江戸時代を通じて、天皇の存在感は非常に薄かったと言えます。先にも述べた通り、建前上、幕府の頂点に立つ将軍を任命するのが天皇です。ですが将軍権力を考えると き、征夷大将軍に任命するかどうかはほとんど飾りのようなものとも言えます。関ヶ原の戦いの後に所領の安堵などを行った時点で江戸幕府が成立したとするならば、天皇が将軍を任命するという行為そのものが、「天皇は将軍の上にいる」ということを一概に意味しているわけではないことは、前節で確認した通りです。

他方で、幕末の動乱期になると、天皇は存在感を強め、政治的な力を発揮します。ご存知の通り、明治維新は薩摩藩と長州藩が同盟を組み、幕府を倒して新しい政権を打ち立て、長年続いた幕藩体制に終止符を打った出来事でした。その際、薩長は天皇という「玉」を握ることで、自らの正統性を主張することになります。徳川最後の将軍・徳川慶喜は、大政奉還によって政治をする権限を天皇に「返上」します。

江戸時代を通じて存在感の薄かった天皇が、その終わりに急に存在感を増す。これをうまく説明するために、近年では「そもそも幕藩体制のトップには天皇がいたが、露骨に人々の前に姿を現すことがなかった。しかし、黒船の来航によって開国を迫られ、日本という国の一大事が起こった際に、天皇が活躍したことにより、その姿が見えるようになった。そもそも天皇の権威は江戸時代を通してずっと続いていたのだから、幕末において天皇が活躍するのは不思議なことではない」という考えがあります。

このように考えると、大政奉還自体も政治権限を返上するからには、あらかじめ将軍は天皇から政治権限を委ねられている状態だったと考えざるを得なくなります。つまり、天皇が将軍を任命する際に、同時に「大政委任」も行われているというわけです。

つまり、幕藩体制とは天皇あってこそのものだったのであり、そのトップは将軍ではなく天皇だということになるわけですが、しかし、果たしてこうした解釈は本当なのでしょうか。

江戸時代、天皇は重視されていなかった!?

幕末に際して、大政奉還がなされ、徳川慶喜は政権を天皇に返上し、その結果、天皇を中心とした政治と政府、すなわち明治政府が確立された。このように明治維新のあらましを考えるとき、先述したように大政奉還によって政権が返上されるならば、それに先立って天皇から将軍が政権を委任されていなければなりません。征夷大将軍の任命がそれを兼ねていたと解釈するならば、一見、筋が通っていそうですが、将軍権力の実態を考えたときに、この時代、征夷大将軍の任命というのはそこまで重要な意味をなしていたのかどうかも定かではありません。

他方、天皇に政治をする権限を返上するという行為は、徳川慶喜にとって幕末の動乱のなかでの一つの駆け引きだったとも考えられます。つまり、天皇と朝廷に政権を「返上」したのは、「やれるものならやってみなさい」というような、捨て身の一手だったとも言えるのです。長らく政治の実権から離れていた天皇と朝廷にいまさら、政治を動かす能力などないと考えたのでしょう。いずれ、将軍と幕府が長年培ってきた政治統治のノウハウに頼ってくるだろうと考えたのではないか。

また、もう一つ注目したいのは、徳川家康が作った禁中並公家諸法度の存在です。家康はこの法度の制定に際して、天皇に対しては「政治には関わらず、学問をしなさい」とかなり上から目線でその行動を制限しています。それに対して、朝廷はすでに将軍の行動に文句を言える立場ではありませんから、この法度に対しても特に反対もしていません。このようにみると、天皇が上で将軍が下というような上下関係が成り立っていたとは到底思えません。

江戸時代を通じて、天皇はあまり重視されてこなかったと考えられる実例は、そのほかにもあります。それは江戸時代に女性天皇が存在したという事実です。江戸時代を通じて、明正天皇（一六二四〜九六年）、後桜町《ごさくらまち》天皇（一七四〇〜一八一三年）という二人の女性天皇が即位しています。

当時、女性天皇を即位させることはイレギュラーなこととみなされており、本来であればやってはいけないこととされていました。しかし、明正天皇の場合、彼女の父・後水尾《ごみずのお》天皇が、幕府のやり方に不満を持っており、幕府への当てつけとして、後継に自分の娘を即位させたのでした。

後桜町天皇の場合、皇位継承に適した年齢の男性がいなかったため、女性の天皇が選ばれました。もし仮に、この当時、天皇が重視されていたとすれば、女性天皇の即位をめぐってそれなりの議論が巻き起こるはずですが、全く波風は立たなかった。誰も文句を言わず、非常にすんなりと後桜町天皇は即位しています。言い換えるならば、当時の人々は、誰が天皇に即位してもあまり気にしていなかったということになるでしょう。

やはり江戸時代を通じて、天皇の存在はあまり重要ではなく、重視されてもいなかったように思えます。しかし、そのように考えるならば、江戸時代の天皇の地位は低かったにもかかわらず、明治維新に際して、どうして天皇の存在感が増してくるのかについて答える必要が出てきます。

歴史を学ぶ日本人――天皇の再発見

江戸時代を通じて天皇の地位は低かったにもかかわらず、なぜ明治維新において天皇の力が復活し、重要な存在となったのか。

このことを考える際に私が注目したいのは「庶民」の存在です。関ヶ原の戦いを経て、幕府が開かれた江戸時代の黎明期には、武士階級が時代を動かす存在として注目され得ていたわけですが、その後、太平の世が続くと次第に、庶民の文化が発達してきます。平和な時代が続き、庶民たちが自分たちなりに勉強をするようになりました。人は学び始めると、「自分たちはどこから来て、どこへ行くのか」という問いにぶつかります。庶民たちは自分たちの歴史を学び、過去へと目を向け始めます。第一章でも述べたように、そのとき、生まれたのが日本の歴史を研究すること、つまり「国学」の誕生でした。

貴族や上級武士といった知識人が精通した「歴史」はあくまでも中国史を指していました。中国の歴史には詳しいけれども、日本の歴史についてはほとんど知らないという人が大半だったのです。そこで、本居宣長のような学者が「国学」を確立し、日本の歴史を人々に紹介します。江戸時代も後期になり、庶民も読み書きができるようになると、多くの人が日本の歴史に興味を持ち始めたのです。江戸の庶民たちは、『平家物語』や『源平盛衰記』、『曽我物語』『義経記』のような物語を通じて、日本の歴史に親しみました。

そのなかで、庶民は将軍の上には天皇という存在がいるらしいということを発見したのです。いわば、庶民による天皇の再発見がなされたのでした。そして、黒船来航により、日本全体に激震が走ったとき、幕府の対応を見て、将軍ではダメだという声が高まった際に、将軍と幕府を否定するために、天皇の存在感が相対的に増していったのだろうと私は考えています。

関ヶ原の戦いののちに始まった江戸時代においては、将軍を頂点とする幕藩体制のなかで、天皇の存在が人々から忘れ去られていった。しかし、庶民の文化が発達し、国学の誕生とともに、人々は日本の歴史に注目する過程で、天皇を再発見していく。そして、幕末になると、黒船来航を発端に、諸外国に対して日本が一致団結して当たらなければならなくなったとき、将軍と幕府が頼りにならないならば、天皇を中心にまとまろうという動きが、庶民のなかから出てきた。そして、天皇を中心とした新しい国づくりを、明治維新によって実現していった、ということになります。

このように明治維新と天皇を考えるとき、庶民が天皇を再発見していった背景には、やはり黒船来航に代表されるような西洋列強の脅威というものがあったと言えるでしょう。第一章でも述べた通り、日本は外圧によって変わってきたことの証左と言えます。外圧によって、当時の人々は日本という国のかたちと、日本人としてのアイデンティティを考えざるを得なくなった。そのときに持ち出されたのが、まさに天皇だったというわけです。

万世一系とは何か

日本人のアイデンティティとして天皇を持ち出すとき、注目されるのは「天皇は万世一系である」ということです。古代から連綿と天皇の血統は維持され、現代まで連なっている。このような天皇の系統は、日本以外の諸外国にはそう簡単に存在するものではありませんでした。

これが日本という国の独自性を代表するものになります。明治時代、世界的に珍しいものとして、天皇は日本のアイデンティティとなりました。しかしこれがやがて、明治、大正、昭和と時代が下り、太平洋戦争に突入する前後には、天皇がいる日本は「珍しい国」ではなくて、天皇がいるから「立派で偉い国」なんだと、論理がすり替わっていきます。

本書でも繰り返し述べてきた、いわゆる皇国史観です。

敗戦を経て、戦後になり、皇国史観は否定されましたが、天皇と皇室の存在は象徴天皇制として現在も続いています。

二〇一九年の皇室に関する意識調査（NHK）によれば、「皇室に親しみを感じているか？」という質問に対して、「とても親しみを感じている」「ある程度親しみを感じている」という人が七一％と過半数以上に達しています。戦後のある時期には、天皇制に反対する人もそれなりの数がいたと思いますが、今日では多くの人が天皇制に対して親しみを感じ、支持していることがわかります。

今日にも引き継がれている天皇制を、今後どのように後世に引き継いでいくかを考えるとき、やはりどのように天皇制が続いてきたのか、あるいは変わってきたのか、日本の歴史に照らし合わせて考えなくてはならないでしょう。そこには幕末、明治維新の頃がそうだったように、日本という国はどういう国なのか、その日本という国のかたちとアイデンティティに関わってくる根本的な問いが横たわっていると言えます。

過去を知ることによって、未来を考える。そのような姿勢が非常に大切になるのではないでしょうか。

そのように天皇制を考える際、やはり知っておかなければならないのは、本節の冒頭で述べたように、「万世一系」の問題だろうと思います。

天皇と万世一系について考える際、注目したいのは後醍醐天皇に仕えた吉田定房の意見状です。後醍醐天皇は討幕を企てていましたが、そのようなことは止めるように意見をした定房の文章です。なかでも興味深いのは第九条です。「一、本朝の時運興衰の事」、つまり「我が国の繁栄と衰退について」と題された条です。その前半には次のように記されています。

「異朝は紹運の躰、すこぶる中興多し。けだしこれ異姓更に出ずるが故のみ。本朝の刹利天祚一種なるが故に、陵遅日に甚だしく、中興期なし」

ここにある「異朝」とは中国の王朝のこと、「紹運の躰」とは「どんなふうにつながっているのか」ということを意味します。つまり中国の王朝は代々、どのようなつながりがあるのかというと、中興が多いと言っています。つまり、一つの王朝が力を失っていくと、新しい王朝が誕生して、中興する流れとなっている。それはつまり、ひとつひとつの王朝は滅びていくけれども、全体として見ると王朝が新しく回復してくるわけです。「けだしこれ異姓更に出ずるが故のみ」とはそのことを表しています。つまり、中国では王朝は交代するものだという。第三章でも述べましたが、いわゆる「天命」によって、新たな王朝が生まれるわけです。いわゆる易姓革命《えきせいかくめい》によって、それまでの王朝は異なる血筋の者が天子として新たな王朝を開くことになります。つまり、姓は王朝ごとに変わります。

ところが我が国の場合はそうではありません。「本朝の剎利天祚一種なるが故に、陵遅日に甚だしく、中興期なし」とありますが、「本朝の剎利」、すなわち日本の国王である天皇は「天祚一種」であると述べています。これは万世一系の古い呼び方です。「陵遅日に甚だしく、中興期なし」とは、「次第に衰えて、中興することは期待できない」という意味です。

つまり、中国の場合と違って、日本の天皇は万世一系なので、中興することは期待できないと言っているのです。

吉田定房は、「後醍醐天皇は討幕によって朝廷の中興を計っておられるが、天皇は万世一系であるので、中国のような王朝の交代による中興はあり得ない。もし敗北を喫すれば、そのまま日本の王朝の存亡の危機です」と、諫言しているのです。

つまり、万世一系というのは必ずしも良いことではなく、吉田定房のように悪いことのように考える人もいたのです。

それが、明治維新以降、明治の元勲たちは天皇家が万世一系であることをむしろ、素晴らしいものだとしています。しかし、吉田定房の意見状からもわかるように、それは自明のことではありませんでした。そこには明治政府の政治的な選択が関わっていたと言えます。このように、今後、天皇制を存続させるか否かを考える際に、「万世一系」であることをその根拠とするならば、それは明治以降の肯定的な評価の流れの上にあることも考えに入れて、自らに、また社会に問わねばならないと言えるでしょう。こうした見方はやはり、歴史を振り返ることで初めてわかってくることだと思います。だからこそ、歴史を学ぶことは現代を考えることにつながっているのです。

終章

これからの歴史学とは

このようにして、「秀頼は秀吉の実子だったのか」という問題から、日本史における「権力」というものに対して考察を深めていくことができるのです。その出発点となるのは、他分野との対話なのだと思います。

他の学問の力を借りながら、日本史を豊かにしていく可能性があるというわけです。

（本文より）

専門家も一般人も同じように歴史を考えることができる

本書全体を通じて、歴史を学ぶということはどういうことか、そして歴史を学ぶ「価値」はどこにあるのか、ということを私なりに考えてきました。

歴史を学び、考えるということは何も私たち歴史学者のような専門家の特権というわけではありません。ここまで本書を読んでくださった一般読者の皆さんにも、歴史というものを十分に考え、語ることができると私は思っています。

しかし、専門家の一部から専門外の人たちの歴史語りに対して、「史料がしっかりと読めていない」といった、「上から目線」の批判が行われていることを、しばしば見かけます。実際には、本当にその歴史の専門家自身が、史料をしっかり読む実力があるのか否か定かではないのですが……。

逆に言えば、歴史資料をわかりやすく伝えることを、専門家は怠ってきたのではないでしょうか。

日本史が単なる暗記科目とされ、とにかく暗記だけをしておけばいいんだというなかで、専門家が歴史の面白さを語ってこなかったことは、今日の歴史離れを考える上でも大きな問題だと私は思っています。

歴史の研究に取り組むと同時に、たとえば『吾妻鏡』をわかりやすい現代語訳にして、読みやすいかたちで紹介することも、重要な仕事の一つと思って私自身、取り組んできました。現代語訳を通じて史料を読み親しむことができれば、一般の方々だって歴史を学び考えることができるはずです。

そこに専門家と一般人の違いはありません。同じ、歴史を学び考える行為があるだけです。

秀頼は本当に秀吉の実子だったのか？　医療の専門家が明かす真実

近年、インターネットの発達によって、ＹｏｕＴｕｂｅなどでも在野の研究者や一般の歴史好きの人が、自分なりの歴史の見方や考え方を披露する機会、場所が増えてきています。なかには、史料を読み込み、自分なりの考えというものを、非常にうまく発表している方もいらっしゃいます。その意味では、従来の発信者と受信者の立場は変わってきているのかもしれません。

少なくとも、これまでの専門家と非専門家といった区切りで、歴史を囲い込むだけでは、本当の意味で人間の歴史を理解することはできないのではないでしょうか。

たとえば、豊臣秀吉は晩年になって、淀君との間に続けて二人の子をもうけています。長男の鶴松は幼い頃に亡くなってしまいましたが、すぐに二人目の男子が生まれました。この子が秀吉の後継者となる豊臣秀頼です。

しばしば淀君が生んだ二人の子どもは、本当に秀吉の子だったのかという論争がありま す。どんなに歴史学者が文献を調べても、本当の子だったのか、そうでないのかはわかりません。

そんなとき、歴史学という専門のなかだけで考えていくのではなく、妊娠・出産のエキスパートである産婦人科の医師に聞いてみればいいのではないかと思うのです。

実際に医師に見解を聞いてみたところ、それまで子どもができなかったのに、高齢になっていきなり立て続けに、子どもができるということはまずありえない。また、淀殿との相性がよかったから子どもができたということでもない。一人子どもができるだけでも宝くじに当たるような確率なのに、二人続けにできたということはもはや天文学的な確率だと言ってもよいそうです。

つまり、一人子どもができただけでも疑わしいのに、二人続けにできたということでますます疑わしい。まず、秀吉の子どもではないだろうという見解でした。

餅は餅屋ではありませんが、歴史学のなかだけで考えてわからないことは、他分野の専門家の力を借りたほうがいい。その上で、歴史学的に考えられることはたくさんあると思うのです。

血か家か、日本における「権力」を考える

秀吉は、秀頼が自分の子ではないと気がついていたのではないかと思います。しかし、それでも、秀吉のような権力者が「これは自分の息子だ」と言い張れば、周囲は納得しなければならないわけです。

そして、それまで後継者候補だった甥の秀次を切腹に追い込み、秀頼を後継者に据えました。そして、秀次だけならまだしも、その正室から側室、その子どもたちに至るまで皆殺しにしました。側室のひとりで、最上氏から嫁ぐ予定だった駒姫に至っては、まだ婚約して京都にまで来ただけで、秀次自身に会ってすらいませんでした。それにもかかわらず、この駒姫の命をも奪いました。

常軌を逸したこんな行いが、どうしてできるのか。こういうことが行えてしまう、「権力」とはいったい何なのか。

それは日本だけに特有の権力のあり方なのか。それとも世界にも共通したあり方があるのかどうか。そのように考察を深めていくこともできるでしょう。

また、世継ぎを考えるとき、果たしてその決め手となるのは何だったのか。それは血のつながりだったのか。そうではなかったのか。秀吉に限らず、自分と血のつながりのない子を後継者にした例はたくさんあります。

鎌倉時代、源氏将軍家が滅びたのちには、天皇家や貴族の藤原氏から次々と将軍をもらっている。自分の家よりも家格が上の家の血なら、積極的に取り入れるところが、日本にはある。

たとえば『平家物語』には、平清盛は白河上皇の落胤だったという記述があります。これを真に受け取るならば、平忠盛にとって清盛は実の子ではなかった。それにもかかわらず、実子を差し置いて、清盛を後継者に据えたのはなぜか、という疑問は当然出てくるでしょう。そこには血よりも大切な「家」の繁栄というものがあったのかもしれない、と推論を重ねていくこともできるわけです。

そういう例は日本にはいくらでもあります。島津家の祖である島津忠久は、頼朝の落胤と言われており、私たち日本史の研究者が必ず参照する『尊卑分脈』にもそう記されています。

日本には貴種流離譚《きしゅりゅうりたん》が数多く存在しますが、貴種の血を尊ぶことと、「家」を重視することは、「自家の家格を上げる」という点に於いて交差しているとも言えるでしょう。

またその反面、先ほども述べたように秀吉は、秀頼を後継者にするために、秀次のみならずその一族まで皆殺しにしてしまっている。このような強権が許されるというのはいったいどこからくるのだろうか。これまで日本史はぬるいと言ってきましたが、この時代は特別だったのだろうか。

このようにして、「秀頼は秀吉の実子だったのか」という問題から、日本史における「権力」というものに対して考察を深めていくことができるのです。その出発点となるのは、他分野との対話なのだと思います。

他の学問の力を借りながら、日本史を豊かにしていくという可能性があるというわけです。

「国家」とは何か——法学・政治学との対話

少し話題を専門的にしていくならば、「国家」とは何か、という問いも日本の歴史学にとって、とても重要でしょう。

本書では、日本の中世史における権門体制論と東国国家論の対立・論争についてお話ししましたが、そのいずれもが実は「国家」というものを定義していません。

権門体制論を最初に唱えた黒田俊雄先生は、「常識的に考えるならば、中世には国家があった」と述べていますが、それはいわば近代以降の「国家」概念を想定していたのだと思います。

私の恩師である石井進先生も「中世日本に果たして国家はあったのでしょうか」と述べるに留めています。

つまり、歴史学の立場から「国家」を定義するということを怠ってきたのです。

改めて、日本史のなかで国家というものを考えるとき、これもまた他分野の力を借りたほうが、より議論を深めることができると思います。

たとえば、国家を制度として考えた場合、法学による定義づけがあるでしょう。それであれば、法学関係の専門家が国家というものをどのように考えているか、話を聞いてみるといいでしょう。

また国際政治学の見地に立つならば、「『イスラム国』は果たして国なのか」という問いもさまざまに議論されています。あるいは中東諸国を中心に広がる国家なき民であるクルド人たちの問題もあります。

彼らが国家を持ちたいというとき、どのようにしたら国家を持つことができるのか。どのような状態になったときに、国家と呼べるのか。

法学や政治学においては、「国家」とは何かという根本的な問いかけのぶ厚い積み重ねがあります。それからすると、中世における「国家」の議論は、やはり「ぬるい」ところがあると言わざるをえないでしょう。

本書のなかでも、日本は島国であり、海というものに隔てられたことで、国境線がはっきりとし、そのため他国に侵犯されるということがなかったと指摘しました。異民族同士が隣り合わせとなった大陸の事情とはかなり違います。このような「ぬるい」環境だったからこそ、「国家」を根本的に問うということを、日本史研究のなかでも怠ってきた側面があると言えるかもしれません。

ですから、ここでも多分野での議論の積み重ねを取り入れることで、改めて、日本史における「国家」というものを考えてみることができるのだと思います。

頼朝の権力体制からみる「政治」と「軍事」

たとえば、鎌倉幕府という「政権」を確立した源頼朝は「政治」の実権を握っていると言います。しかしその場合に、「頼朝は政治をしている」と、あまり考えることをしないで、言っているのではないでしょうか。

そこには「政治」とはそもそも何なのか、そもそも「政権」のトップである頼朝自身が「政治」というものをどう考えていたのか、という根本的な問いかけが欠けているように思うのです。

頼朝が考える「政治」の範囲というのはおそらく、武士で止まっていたのではないでしょうか。そのような意見には当然、批判もあります。たとえば荘園における地頭への支配。厳密な税金の徴収。これも立派な政治だという人もいるでしょう。それならば武士のみが頼朝の政治の対象だったとは言えなくなります。

しかし、それではそもそもなぜ、荘園の人々は税金を払うのでしょうか。あるいはそんな人たちから、一方的に税金を徴収していたとして、そのような収奪を果たして政治というのでしょうか。

本書のなかでも論じたように鎌倉幕府とは、いわば頼朝を中心とした「武士の、武士による、武士のための政権」でした。武士とはつまり、軍事のプロということになります。つい私たちは源頼朝の「政権」という言葉を使ってしまいますが、そもそも政権ですらないのではないか。「政治権力」ですらないのではないか。軍事のプロたちによる権力、つまり鎌倉幕府の実態とは「軍事政権」だったのではないか。頼朝は「政権」ではなく、「軍権」を司る存在だったのではないか、ということになります。

それでは、この軍権が政権になるにはどうしたらよいのか。つまり政治も行うようになるのであれば、それはどんな問題をクリアしていけば、頼朝の政権と呼ばれるような存在になるのか。

そういう議論が、日本史研究にはまるでないのです。「政権」と「軍権」、「政治」と「軍事」の違いから、頼朝の「権力」を考えるという議論はいまだなされていない。そのような根本的な問いがないまま、権門体制論と東国国家論のどちらが正しいのか、といった議論にばかり時間を費やしているという状態なのです。

歴史の本音と建前を知る

さまざまな社会現象、歴史事象には常に本音と建前があります。建前としては、「頼朝は政治を行ったとしているけれども、その内実は軍事を担う存在だった」というように、建前だけを議論していては、生きた内実、つまり本音が見えてきません。

結局、従来の日本史研究の多くは、国家や権力、政治や軍事といったものの建前を分析してきたに過ぎません。内実、すなわち本音に届いていない。

おそらく石井先生が「中世日本に果たして国家はあったのでしょうか」という問いを投げかけたのは、そのような建前だけの議論をしていてはダメだと暗におっしゃっていたのではないでしょうか。

私自身、ようやくこの年になって、石井先生のおっしゃったことの一端がわかりかけてきたように思います。

このような建前の議論から本音の議論へ、つまり歴史の表から裏へと議論を進めるには、従来の歴史学の見方だけではなかなか難しいでしょう。そこに、医学だったり法学や政治学だったりと、他分野における議論の積み重ねを参考にすることも、一つの考え方のヒントだと思います。

また、本音だけが大事だというわけでもありません。建前も同じように大事なのです。たとえば、鎌倉の武士たちは、本音では自分たちは独立してやっていきたい。しかし、それでも天皇家や貴族の顔を立て、京都から新しい将軍を招いています。その後、足利尊氏が京都に室町幕府を作りますが、天皇や貴族がいらなくなったのかというと、そういうわけではない。ちゃんと天皇は天皇として尊重している。

そのように考えると、本音だけでもなく、建前だけでもない。本音と建前のバランス、裏と表のバランス、これもやはり重要なのです。こういうことを考えるのはある種、知のトレーニングにもつながることでしょう。

また、歴史学を広げることが重要であるとするなら、「他分野」という言葉は、何も専門的な学問だけを指す必要はありません。

先ほども述べたように、歴史を学び考えることは専門家だけの特権ではありません。本書で述べたような演繹法や帰納法という考え方のヒントを用いて、あなた自身が歴史を学び考えることができます。

日本史、ひいては歴史というものをより広いものにしていくには、その道の専門家だけでなく、より一般の方々の智恵や考察というものに耳を傾けることも大変重要なことだと、私自身考えております。

本書を通じて、皆さんが歴史を学び、楽しみ、考えを深めていただけたら幸いです。

著者略歴

本郷和人（ほんごう・かずと）

1960年、東京都生まれ。東京大学史料編纂所教授。文学博士。東京大学、同大学院で、石井進氏、五味文彦氏に師事。専攻は日本中世政治史、古文書学。『大日本史料』の編纂に携わる。主な著書に『中世朝廷訴訟の研究』（東京大学出版会）、『新・中世王権論』（文藝春秋）、『天皇はなぜ生き残ったか』（新潮社）、『日本史のツボ』（文藝春秋）、『壬申の乱と関ヶ原の戦い』（祥伝社）、『軍事の日本史』（朝日新聞出版）、『北条氏の時代』（文藝春秋）などがある。

SB新書 569

歴史《れきし》をなぜ学《まな》ぶのか

2022年 1月15日 初版第1刷発行

著　者　本郷和人《ほんごうかずと》

発行者　小川 淳

発行所　SBクリエイティブ株式会社

〒106-0032 東京都港区六本木2-4-5

電話：03-5549-1201（営業部）

装　幀　杉山健太郎

本文デザイン　荒木香樹

D T P　三協美術

編集協力　大野 真

印刷・製本　大日本印刷株式会社

本書をお読みになったご意見・ご感想を下記URL、または左記QRコードよりお寄せください。

https://isbn2.sbcr.jp/12313/

落丁本、乱丁本は小社営業部にてお取り替えいたします。定価はカバーに記載されております。本書の内容に関するご質問等は、小社学芸書籍編集部まで必ず書面にてご連絡いただきますようお願いいたします。

ISBN 978-4-8156-1231-3

SB新書

「人に迷惑をかけるな」と言ってはいけない
坪田信貴

子どもの幸せを一番に考えるのをやめなさい
陰山英男

知らないと損をする男の礼儀作法
諏内えみ

捨てられる男たち
奥田祥子

銀行を淘汰する破壊的企業
山本康正

極上のおひとり死
松原惇子

名言のクスリ箱
大山くまお

新説戦乱の日本史
倉本一宏／亀田俊和
川戸貴史／千田嘉博
長南政義／手嶋泰伸

観察力の鍛え方
佐渡島庸平

危ない読書
佐藤 優

SB新書

瀬戸内寂聴、最期に残したかったメッセージ
今を生きるあなたへ
瀬戸内寂聴
瀬尾まなほ(聞き手)

アート界旬の2人が案内する名画の迷宮
妄想美術館
原田マハ
ヤマザキマリ

たった「1行」からはじめる文章教室
書ける人だけが手にするもの
齋藤 孝

お金との向き合い方を激変させる1冊!
20歳の自分に教えたいお金のきほん
池上 彰+「池上 彰のニュース そうだったのか!!」スタッフ

100年に1度のターニングポイントが迫る!
世界史の分岐点
橋爪大三郎
佐藤 優